Tintenklecks

Das Deutschbuch
3. Klasse

Erarbeitet von
Erika Altenburg, Andrea Gersch, Thomas Heinrichs,
Christiane Isenbeck, Bärbel Klein, Elke Winterscheid

Illustriert von
Friederike Großekettler
Wiltrud Wagner

Auer Verlag GmbH

Symbole

Abschreiben nach den Abschreibregeln

Abschreibheft

Partnerdiktat

Schleichdiktat

Partnerarbeit

Gruppenarbeit

Zusatzaufgabe

Nachschlagen in der Wörterliste

➜ 20 Hinweise auf Seiten mit ähnlichen Themen

Differenzierung leicht gemacht!
Wenn man in den Lesetexten nur die gelb unterlegten Textteile liest, wird der Text einfacher, behält aber noch seinen Sinn.

Orientierung leicht gemacht!
Jedes Kapitel ist gleich aufgebaut:
Leseseiten ➜ Methodendoppelseite ➜ Spracheseiten
Tipp: Spracheseiten erkennt man sofort an der eingefärbten Fußzeile ➜

Inhaltsverzeichnis

1	Kinderwelten – Lebenswelten	4
2	Fußball, Pferde, Freizeit	22
3	Von Samtpfoten und Kratzfüßen	40
4	www.alles-im-kasten.de	58
5	Es war einmal – es war keinmal	76
6	So bin ich – so bist du	96
7	Im Garten der Natur	114
8	Tolle Knolle & Co	132
9	Technik mit Köpfchen	148
	Jahreszeitenkapitel	164
	Rechtschreib- und Grammatiktraining	182

Wir geben euch nützliche Tipps …

… und wichtige Hinweise!

Kinderwelten – Lebenswelten

WE WANT PEACE FOR THE PEOPLE.
HEVENU SHALOM ALEICHEM.
BIZ BARIS ISTIYORUZ.
OÄLUME IRINI JA OLUS.

SO VIEL SCHAFE EINE HERDE

So viel Schafe eine Herde,
So viel Stern das Himmelszelt,
So viel Sprachen hat die Erde,
So viel Völker hat die Welt.

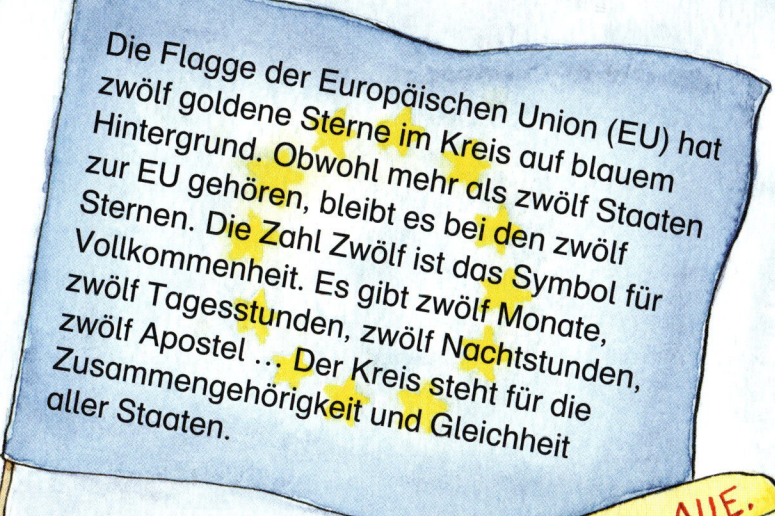

Die Flagge der Europäischen Union (EU) hat zwölf goldene Sterne im Kreis auf blauem Hintergrund. Obwohl mehr als zwölf Staaten zur EU gehören, bleibt es bei den zwölf Sternen. Die Zahl Zwölf ist das Symbol für Vollkommenheit. Es gibt zwölf Monate, zwölf Tagesstunden, zwölf Nachtstunden, zwölf Apostel … Der Kreis steht für die Zusammengehörigkeit und Gleichheit aller Staaten.

VOGLIAMO PACE PER TUTTI.

WIR WOLLEN FRIEDEN FÜR ALLE.

QUEREMOS PAZ EN EL MUNDO.

NOUS VOULONS PAIX POUR LE MONDE.

1 Kinderwelten – Lebenswelten

So viel Früchte Bäume tragen,
So viel Korn der Acker gibt,
So viel Mal kann man auch sagen,
Was man hasst und was man liebt.

So viel Mal sich Menschen stritten,
So viel Mal, wie Wetter droht,
So viel Mal kann man auch bitten:
Gib uns unser täglich Brot.

So viel Mal dich drückt Beschwerde,
Oder Glück dein Segel schwellt:
So viel Sprachen hat die Erde,
So viel Völker hat die Welt.

James Krüss

Vimala gehört zu uns

Die langen Sommerferien waren endlich zu Ende
und Henri und ich freuten uns schon auf die Schule.
Als wir ins Klassenzimmer kamen, saß eine neue Schülerin da.
Zuerst waren wir ganz schön verblüfft. Die „Neue" sah einfach anders aus,
als wir es gewöhnt waren. Sie hatte sehr dunkle Haut.
„Haallooo, wiiieee heißt duuu?", fragte ich sie langsam und deutlich,
damit sie mich verstehen konnte. „Mit mir kannst du normal sprechen,
ich bin doch nicht blöd", fauchte sie mich an.
„War nicht so gemeint", sagte Henri.
„Ich bin Henri und das ist Ida. Wie heißt du denn?" „Ich heiße Vimala."
Und sie erzählte uns, dass sie in Deutschland geboren wurde,
dass ihre Eltern aber aus Indien kommen.
Nach und nach trudelten die anderen aus unserer Klasse ein.
Auch sie bestaunten Vimala. „Sie spricht deutsch", warnte ich die anderen.
Ich wollte nicht, dass Vimala wieder wütend wurde.

In der Pause fragten wir Vimala, ob sie mit uns Verstecken spielen wollte.
Klar wollte sie! Vimala sollte uns suchen.
Ich versteckte mich hinter dem großen Baum und wartete,
ob sie mich finden würde. Vimala zählte laut.
Da kamen auf einmal drei ältere Kinder: Lea, Thomas und Mike.
Die ärgerten in der Pause immer die Jüngeren,
am liebsten aber die türkischen Kinder, die bei uns in der Schule sind.
„Wie siehst du denn aus?", riefen sie laut.
„Bist du in einen Farbtopf gefallen?" Und sie lachten laut.
„Lasst mich in Ruhe", schrie Vimala wütend, aber viele Kinder lachten.
„Hör nicht auf sie", sagte Henri und wir packten sie am Ärmel
und zogen sie zurück ins Klassenzimmer.

Am Nachmittag spielten wir mit Vimala auf dem Waldspielplatz.
Aber leider kamen Lea und ihre Freunde auch dorthin.
30 Als sie Vimala sahen, riefen sie: „Heee, Ausländer haben hier nichts zu suchen!"
Sie fanden das sehr lustig.
Wir wollten gern ein bisschen schaukeln und hatten gar keine Lust wegzugehen.
Da warfen sie Vimalas Jacke in die Luft. „Hol sie dir doch, du Neger!",
schrien sie und lachten. Vimala war wütend. Aber bevor sie etwas sagen konnte,
35 rannten Lea und ihre Freunde mit der Jacke davon. Da begann Vimala zu weinen.
Sie tat mir sehr leid und ich ärgerte mich, dass wir uns nicht getraut hatten,
etwas zu sagen.

Am nächsten Tag kam Vimala nicht zur Schule, weil sie Bauchschmerzen hatte.
Ich konnte mir schon denken, was für Bauchschmerzen das waren.
40 Die habe ich auch manchmal, wenn ich aufgeregt bin
oder mich über etwas ärgere. „Vimala hat bestimmt Angst,
alleine hierher zu kommen", rief Henri in der Pause.
Wir hatten die ganze Klasse zusammengerufen und überlegten,
wie wir Vimala helfen könnten. „Das schaffen wir nur gemeinsam",
45 meinte auch Carla, unsere Klassensprecherin. Die anderen stimmten ihr zu.
Und dann schmiedeten wir einen tollen Plan …

Petra Mönter

❶ Klärt unbekannte Wörter.

❷ Findet zu jedem Abschnitt eine Überschrift.

❸ Schreibe die Geschichte weiter.

❹ Spielt, wie es weitergeht.

Mit welchem Plan die Kinder Vimala helfen, kannst du in diesem Buch oder hier nachlesen. ➜ 215

Kleine Europäer

Musik und Text: Rolf Zuckowski

Fröhlich, beschwingt, grenzenlos (♩ = 118)

A

(Instr. pizz.)

Eu - ro - pa

1. x ohne Wh. direkt Kasten 2

Kin - der - land, wir ge - ben uns die Hand. Wo - zu sind Gren - zen da
Doch Kin - der wer - den groß

für Jill und Jack, für Jan und Ju - li - a? Eu - ro - pa
und ih - re Träu - me wer - den gren - zen - los.

B Vers

1. Klei - ne Eu - ro - pä - er rü - cken im - mer nä - her, im - mer nä - her auf - ei - nan - der
Fährst du nach Kas - ti - lien o - der nach Si - zi - lien? Sag mal, wo kommst du denn gra - de

zu. (Wie ich und du.) Gehn auf ih - ren We - gen sich ein Stück ent - ge - gen:
her? So un - ge - fähr? So hört man sie re - den bis hi - nauf nach Schwe - den,

Grüe - zi! Co - me va? How do you do? How do you do? und sie tun, als ob das gar nichts

2 x D. S. con rep. al

wär. Eu - ro - pa im - mer nä - her auf - ei - nan - der zu, wie ich und du!

Millie in Paris

„Paris ist die Stadt der Kunst", sagt Papa. „Wenn ich mir vorstelle, was wir
alles nicht gesehen haben. Die schöne Mona Lisa und das Centre Pompidou."
Millie würde gern die schöne Mona Lisa angucken. „Ach", sagt Mama.
„Die Mona Lisa ist doch auf jeder Postkarte zu sehen."
5 So fahren sie dann doch zum Pompidou. „Da ist neue Kunst zu sehen", sagt Mama.
„Farbe und Formen und Bewegung. Das müssen wir uns anschauen."
„Farbe ist keine Kunst", sagt Millie. „Kunst ist Auf-den-Händen-Laufen,
Auf-dem-Seil-Tanzen und Mit-den-Ohren-Wackeln." Was für ein Glück sie haben!
Das Pompidou hat heute geschlossen. Weil Dienstag ist. Aber draußen,
10 auf dem Platz vor dem Pompidou, machen sie Kunst, richtige Kunst.
Und was es da alles gibt! Ein Mann schluckt ein Schwert und spuckt Feuer
und die Flamme, die aus seinem Mund kommt, reicht bis an den Himmel.
Millie kann nur staunen. Zwei Mädchen tanzen auf dem Seil
und sie tragen schöne Flitterflatterkleider.
15 Hat Millie doch gesagt, dass das Kunst ist.
Ein Clown ist auch dabei. Er hat sein Gesicht ganz weiß bemalt
und lässt dauernd Tennisbälle verschwinden und holt sie hinter den Ohren
der Leute wieder hervor. Papa hat zwei Tennisbälle hinter dem Ohr gehabt.
Drüben am Brunnen steht ein Leierkastenmann. Der alte Mann
20 dreht an seiner Orgel, auf der ein kleines Äffchen sitzt.
Der Mann singt zu den Tönen der Drehorgel.
Blablablabla. Na, ist das denn auch Kunst? „Sing doch mit, Millie",
sagt Mama. Aber das ist doch Französisch!
„Du kannst doch ein paar französische Lieder", sagt Mama.
25 „Sing mit! Sur le pont d'Avignon …" Ach, das!
„Söölepong dawinjong", singt Millie. Sie kann Französisch!
Hat sie gar nicht gewusst.
Und sie kann sogar noch ein anderes Lied.
„Friere Jacke, friere Jacke", brüllt Millie.
30 Sie steht zwischen all diesen Leuten, die Kunst machen.
Und sie macht mit. Kunst macht Spaß.

Dagmar Chidolue

❶ Was ist für Millie Kunst?
   Belegt mit Textstellen.

❷ Was ist für dich Kunst?
   Schreibe es auf.

❸ Vergleicht eure Ergebnisse.

❹ Was ist in Paris noch sehenswert?
   Bringt Bilder mit.

Schule in anderen Ländern

Niger

Mongolei

Indien

Togo

Mali

❶ Betrachtet die Fotos. Sprecht darüber.

❷ Wähle ein Foto aus. Schreibe dazu.

Sudhir, der Trommelschüler

Mein Name ist Sudhir. Ich bin neun Jahre alt
und lebe mit meinen Eltern in der Hafenstadt Mumbai.
Mumbai ist die zweitgrößte Stadt Indiens,
sie zählt mehr als zehn Millionen Einwohner.

5 Das Haus, in dem wir wohnen, hat mehrere Stockwerke und einen großen Innenhof.
Die meisten Familien hier leben in einem einzigen Zimmer
und überall, wo Platz ist, flattert Wäsche in allen Farben.
Die Kinder spielen im Hof und auf den Treppen.
Unser Nachbar hat zum Beispiel zehn Kinder, sieben Jungen und drei Mädchen.
10 Über uns wohnt eine Familie mit acht Kindern.
Die meisten Eltern glauben, dass sie so viele Kinder brauchen,
damit jemand da ist, der für sie sorgt,
wenn sie alt sind und nicht mehr arbeiten können.
Wir haben sogar zwei Zimmer.
15 In dem einen wohnen wir, im anderen ist unsere Reparaturwerkstatt.

Mein Vater repariert so ziemlich alles, was Räder hat, und ich helfe ihm dabei.
Das ist nichts Besonderes, denn in Indien arbeiten viele Kinder.
Sie knüpfen Teppiche, drehen Bidi-Zigaretten, verkaufen Gebäck,
sie färben Stoffe, sitzen an der Nähmaschine, waschen Geschirr
20 und vieles andere.
Arbeit haben wir genug, denn die Straßen Mumbais sind voll gestopft
mit Fahrrädern und knatternden Mofas, mit Bussen, Lastwagen,
Autos und natürlich mit Rikschas. Die Rikschafahrer strampeln den ganzen Tag
mit ihren dreirädrigen Fahrradtaxis durch die Stadt, aber sie verdienen nicht viel,
25 und es ist ein großes Unglück, wenn die Rikscha kaputtgeht.

Mein Vater hat ein großes Herz und manchmal repariert er auch umsonst.
Vor einem Jahr hat er einem alten Mann geholfen, der kein Geld hatte,
und zum Dank hat der Alte ihm seinen wertvollsten Besitz geschenkt:
eine wunderschöne Trommel.

30 Als ich die Trommel gesehen habe,
hat mein Herz angefangen zu klopfen:
bumm, bumm, bumm.
Ich hab gleich versucht,
auf der Trommel zu spielen,
35 aber es hörte sich gar nicht so an,
wie ich es mir vorgestellt hatte.
Großvater kam ganz entsetzt zu mir
und fragte: „Sudhir, was machst du
für einen grässlichen Lärm?"
40 „Ich mache Musik, Großvater!",
erklärte ich ihm. „Und wenn ich groß bin,
will ich Trommler werden."
„Soso", schmunzelte Großvater,
„Trommler willst du werden."
45 „Ja, Großvater.
Ich will so schön trommeln wie du.
Am liebsten würde ich nur Musik machen
und gar nichts anderes.
Und vielleicht, ganz vielleicht –
50 wird dieser Traum einmal Wirklichkeit.
Ich glaube jedenfalls fest daran."
„Na, wenn das so ist", grinste Großvater,
„dann helfe ich dir natürlich."
Von da an hat Großvater
55 mir jeden Abend Unterricht gegeben.

Nach einiger Zeit konnte der Großvater Sudhir nichts mehr beibringen
und brachte ihn zu seinem alten Lehrer.
Doch der Lehrer schüttelte traurig den Kopf.

„Du kannst zwar noch nicht viel, aber du bist begabt, mein Junge.
60 Wenn du fleißig üben würdest, könnte vielleicht ein Meister aus dir werden.
Aber so leid es mir tut – ich kann dich nicht umsonst unterrichten.
Du musst dein Glück woanders versuchen …"

Der alte Mann stand auf und begleitete uns hinaus.
Er stieg auf sein klappriges Mofa und wollte einfach davonknattern.
65 Großvater und ich standen ganz enttäuscht im Weg herum,
da machte es auf einmal „pffft, krrch" und das Mofa blieb stehen. So ein Glück!
Zornig stieg der Meister ab und versetzte dem Mofa wütend einen Tritt.
Ich wusste sofort, dass das meine große Chance war.
„So ein Unglück, so ein Unglück!", jammerte der Meister.
70 „Was soll ich jetzt nur machen?" „Keine Sorge, Meister", beruhigte ich ihn.
„Ich bring das Mofa schon wieder in Ordnung." „Du?", staunte der Meister.
„Ja, kannst du das denn?" „Na klar", strahlte ich. „Wird gleich erledigt."
Ich untersuchte das klapprige Mofa und stellte sofort fest,
warum es stehen geblieben war:
75 Es war ganz einfach kein Benzin mehr im Tank.
Das hab ich dem Meister natürlich nicht verraten.
Ich hab das Mofa zu uns in die Werkstatt geschoben, den Tank voll gemacht
und dann bin ich knatternd zurück in den Hof gefahren.
Tja, ob ihr's glaubt oder nicht: Damit hab ich mir
80 die erste Trommelstunde bei meinem Meister verdient.
Inzwischen spiele ich schon ganz gut.
Wenn ich in der Werkstatt mit der Arbeit fertig bin,
ist es meistens schon spät, und ich beeile mich, zu meinem Meister zu kommen.
Mein Meister ist sehr streng,
85 aber das macht mir nichts aus, denn er ist ein guter Lehrer.
Ich übe und übe und übe – nicht nur bei meinem Meister,
sondern auch zu Hause und überall, wo ich sonst bin.
Es ist fast so, als würde ich neue Freunde kennen lernen.
Nachts vorm Einschlafen träume ich immer noch davon,
90 ein berühmter Trommelmeister zu werden.

Hartmut E. Höfele/Susanne Steffen

❶ Wie lebt Sudhir? Belege mit Textstellen.
❷ Was ist in Sudhirs Leben anders als bei dir?
❸ Was möchte Sudhir unbedingt werden?
❹ Hast du auch einen Lebenstraum?

Texte verstehen

Kinderarbeit – an vielen Orten dieser Welt

„Ich heiße Zahin und lebe in Indien.
Aufgewachsen bin ich in einem kleinen Dorf,
bei meinen Eltern mit acht Geschwistern.
Wir alle arbeiteten
5 auf den großen Baumwollplantagen
und sorgten dafür, dass unsere Familie
etwas zu essen hatte.
Aber trotzdem reichte das wenige Geld nicht.
Vor einem Jahr kam ein Fremder
10 aus der Stadt zu uns
und bot meinem Vater an,
dass ich zum Teppichknüpfer ausgebildet werde.
Ich könnte viel Geld verdienen,
würde gut versorgt und könnte ab und zu
15 ins Kino gehen. Eine tolle Vorstellung!
Mein Vater erhielt sogar noch
eine kleine Summe Geld für mich.
Als ich in die Stadt kam,
sah alles ganz anders aus.
20 Zwölf Stunden am Tag,
von Montag bis Sonntag, sitze ich mit vielen
anderen Kindern in einer dunklen Halle
vor dem großen Knüpfrahmen
und knüpfe mit meinen kleinen Händen Teppiche.

So prüfen wir, ob wir einen Text verstanden haben:

1. Lies den Text.
2. Überlege, was du erfahren hast.
3. Denke dir Fragen aus zu diesem Text.

Wir stellen Fragen zu einem Text

25 Mein Rücken schmerzt, ich muss häufig husten
und habe einen Hautausschlag,
da viele Flusen in der staubigen Luft herumfliegen.
Morgens und abends bekomme ich etwas Fladenbrot
und eine wässerige Linsensuppe zu essen.
30 Ich schlafe auf einer dünnen Reisstrohmatte.
Einen freien Tag habe ich nie, Geld habe ich auch nie bekommen.
Nach Hause kann ich nicht, ich habe kein Geld
und weiß nicht, wie ich hier wegkommen kann.
So knüpfe und knüpfe ich Teppiche – auch in diesem Augenblick –,
35 die nach Europa, nach Deutschland verkauft werden.
Vielleicht liegt solch ein Teppich auch in eurem Wohnzimmer."

Beate Reuker

Ich stelle dir eine einfache Frage: Wie viele Geschwister hat Zahin?

Ich stelle dir eine schwierige Frage: Wie steht es um die Gesundheit von Zahin?

4 Stellt euch abwechselnd Fragen zum Text.

5 Überprüft, ob die Antwort richtig ist.
Nennt die Zeile, in der ihr die Antwort gefunden habt.

Sprechen und zuhören

In den ersten Schultagen möchten alle gern von ihren Ferien erzählen.
Viele Kinder waren unterwegs, manche auch in anderen Ländern.

① Ich war in Italien. Es hat total viel Spaß gemacht, mit den italienischen Kindern auf dem Campingplatz zu spielen.

③ Das macht doch nichts. Bei den meisten Spielen redet man sowieso nicht viel. Zum Beispiel beim Verstecken.

② Aber du kannst doch gar kein Italienisch.

④ Bei uns war das einfacher. In der Türkei konnten fast alle, die wir getroffen haben, Deutsch.

So können wir alle gleichzeitig über ein Thema sprechen:

1. Die Hälfte der Kinder sitzt in einem Kreis, den Rücken nach innen. Die andere Hälfte der Kinder sitzt in einem Kreis, den Rücken nach außen.

2. Die Kinder, die sich gegenübersitzen, sprechen über ein Thema.

Wir unterhalten uns im Erzählkarussell

Unser Thema ist „Ferien".

3 Nach wenigen Minuten – wir hören ein Zeichen – rückt im Außenkreis jedes Kind zwei Plätze weiter. Auch diese beiden Kinder sprechen über dasselbe Thema. Nach dem Zeichen wird wieder weitergerückt.

4 Wenn jedes Kind mit mehreren Kindern gesprochen hat, wird das Erzählkarussell durch ein Zeichen beendet.

Artikel

Ferien in anderen Ländern

Mary, Simon und Mehmet waren zusammen auf einer Ferienfreizeit in Frankreich. So sahen die Postkarten aus, die sie nach Hause geschickt haben:

Liebe Oma, der Eiffelturm ist gigantisch. Auf der Seine fahren tolle Schiffe. Morgen besichtigen wir die Kathedrale von Notre-Dame.
Liebe Grüße, dein Simon

Frau
Maria Klein
Domplatz 7
48155 Münster
Allemagne

Dear Mummy, dear Daddy, the Eiffel Tower is so big! We saw beautiful ships on the Seine. Tomorrow we will visit the cathedral Notre-Dame.
See you soon, Mary

Mr and
Mrs Tate
12 Oxford St.
London LO24LF
Grande-Bretagne

Sergili Büyükanne
Eyfel Kulesi çok büyük. Sen nehrinin üzerinden gemiler geçiyor. Yarin Notre-Dame katedralini ziyaret ediyoruz.
Mehmet

Bayan Fatma Aslan
27 Mayis caddesi
Erdeniz apt. No 9/5
Maltepe/Istanbul

❶ Vergleiche die Karten in den verschiedenen Sprachen. Achte besonders auf die Artikel.

❷ Finde heraus, welche Artikel im Deutschen, im Englischen und im Türkischen verwendet werden.

❸ Erkundige dich, welche Artikel in der französischen Sprache gebraucht werden.

Sprachen vergleichen

In vielen Ländern kannst du Wörter verstehen,
auch wenn du die Sprache des Landes nicht sprichst.

das Restaurant   le restaurant

il ristorante   el restaurante

the tea	le thé
the coffee	le café
the chocolate	le chocolat
the orange	l'orange
the fruit	le fruit
the soup	la soupe

the tiger	le tigre
the giraffe	la girafe
the zebra	le zèbre
the cat	le chat

the postcard	la carte postale
the paper	le papier
the music	la musique
the phone	la théléphone

the morning	le matin
the night	la nuit
january	janvier
march	mars
december	décembre

❶ Finde für diese englischen und französischen Wörter das deutsche Wort.

❷ Finde heraus, was Anna sich zum Essen ausgesucht hat.

Menu
Soupe de tomates avec basilic
Gratin aux champignons et aubergines
avec une grande salade
à la sauce de moutarde
Compote des fruits rouges avec caramel

Auch wenn man nicht weiß, wie die Wörter in der anderen Sprache ausgesprochen werden, kann man sie „lesen", weil viele Buchstaben sich in den deutschen Wörtern wiederfinden.

Deshalb konnte sich Anna auf der französischen Speisekarte etwas aussuchen, obwohl sie gar nicht französisch spricht.

Richtig schreiben – sicher schreiben

Wörter mit h

se☐en   blü☐en   ge☐en   we☐en
krä☐en   ste☐en   glü☐en   nä☐en

❶ Setzt ein **h** ein und sprecht euch die Wörter in Silben unterteilt vor.

→ 203

sie☐t   blü☐t   ge☐t   we☐t
krä☐t   ste☐t   glü☐t   nä☐t

❷ Setzt ein **h** ein und sprecht euch die Wörter vor.
Was stellt ihr im Vergleich zu den Wörtern von Aufgabe 1 fest?

❸ Schreibe die verwandten Wörter von Aufgabe 1 und 2 auf und markiere das **h**:
se*h*en – sie*h*t

> Hat ein Verb in der Grundform ein **h** im Silbenanfang (se-*h*en),
> so bleibt das **h** auch in anderen Verformen erhalten (sie*h*t).

wiehern   drehen   ziehen   mähen   muhen

❹ Finde zu diesen Wörtern verwandte Wörter und notiere sie wie bei Aufgabe 3.

❺ Schreibe zu jedem Wort von Aufgabe 4 einen Satz oder erfinde eine Geschichte. Markiere das **h**.

Lernwörter-Training

Übe die Lernwörter so:

① ② ③

④ Ordne die Lernwörter nach dem Abc.

| Schuhe | ziehen | wehen |
| Ruhe | verstehen | Nähe |

⑤ Schreibe mit den Wörtern jeweils einen Satz.

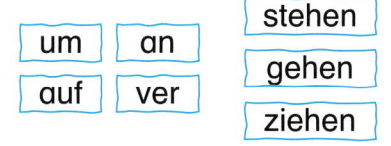

um	an	stehen
auf	ver	gehen
		ziehen

⑥ Bilde verschiedene Verben.

⑦ Bilde Sätze mit den Verben.

Wir leben in Europa Dazu gehören viele verschiedene Länder, in denen die Menschen etwas anders leben als in Deutschland Fast jedes Land hat seine eigene Sprache In unserer Nähe gibt es aber auch Länder, die unsere Sprache sprechen Es ist gut, wenn wir fremde Sprachen lernen und viele Menschen in der Welt verstehen können

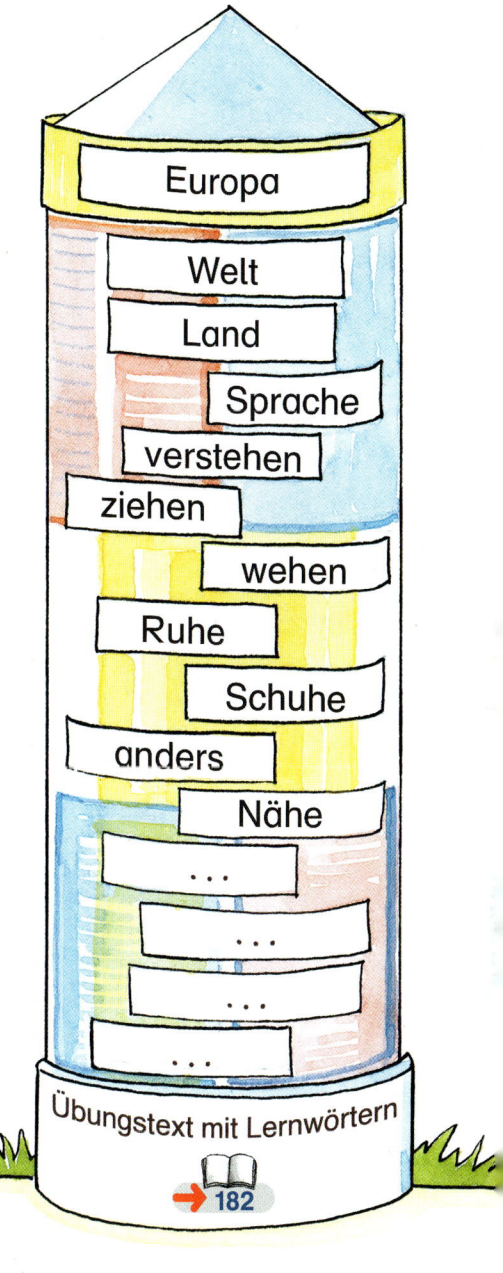

⑧ Setze die fehlenden Satzzeichen.

Europa
Welt
Land
Sprache
verstehen
ziehen
wehen
Ruhe
Schuhe
anders
Nähe
...
...
...
...

Übungstext mit Lernwörtern
→ 182

Fußball, Pferde, Freizeit

Im Schwimmbad

An heißen Tagen gehe ich oft schwimmen. Am liebsten tauche ich. Aber manchmal springe ich vom Dreimeterbrett.

Janina

Torschuss-Training

- Zeichne dir mit Kreide ein Tor auf eine Mauer.
- Teile das Tor in verschiedene Quadrate ein.
- Nummeriere die Quadrate.

4	5	6
1	2	3

- Versuche nun, nacheinander alle Zonen zu treffen.
- Verändere dann Winkel und Abstand.

Elena lernt reiten

Heute geht Elena zum ersten Mal auf einen Reiterhof. Sie ist sehr aufgeregt. Auf einmal kommt eine Frau aus der Stalltür. „Hallo!", sagt die Frau und geht auf Elena zu. „Ich bin Frau Winkler, deine Reitlehrerin." Sie führt Elena in die große Reitbahn. Elena sieht in der Mitte der Halle ein Pferd. Es ist braun und hat schwarze Augen. Elena will gerade aufsteigen, als eine bekannte Stimme ruft: „Elena, Schatz, aufstehen! Die Schule beginnt gleich!" Mit einem Ruck ist Elena wach und beeilt sich, in die Schule zu kommen.

Sophie

Wusstest du eigentlich, dass

- ein Fußballfeld etwa 70 x 105 Meter groß ist?
- vor etwa 5000 Jahren Menschen zum ersten Mal ein Wildpferd vor einen Wagen spannten?
- Bayern München am häufigsten Deutscher Meister wurde?
- die meisten Pferde heute in China leben?

Fußballtraining

Oliver, Niko und ich gehen zum Fußballtraining. Zuerst dribbeln wir mit dem Ball um Hütchen, die der Trainer aufgestellt hat. Dann schießen wir nacheinander auf das Tor, damit auch Kevin, unser Torwart, etwas zu tun bekommt. Am Schluss des Trainings dürfen wir endlich richtig Fußball spielen.   Fabian

Unsere heutigen Pferde haben sich aus einem Tier entwickelt, das kaum größer war als ein Fuchs und vermutlich ein gesprenkeltes Fell hatte.
5 Dieses Urpferdchen lebte vor rund 50 Millionen Jahren in sumpfigen Wäldern.
Es besaß noch keine Hufe wie die Pferde heute, sondern Zehen.
10 Im Laufe der Erdgeschichte änderte sich das Klima. Die Tiere mussten sich anpassen oder sie starben aus. So wurde aus dem kleinen Urpferd ein Steppentier.
15 Die Pferdefamilie umfasst heute nur noch drei Hauptarten: die Pferde, die Zebras und die Esel.

2 Fußball, Pferde, Freizeit

Vor der Kiste

Heute spielt Deutschland gegen Italien.
Und wie immer, wenn ein Fußballspiel im Fernsehen übertragen wird,
sitzt Kevins Papa vor der Kiste.
Manchmal sitzt auch Kevin neben ihm und schaut eine Weile zu.
5   Aber wenn Kevin im Fernsehen Fußball sieht,
bekommt er immer große Lust, selbst zu spielen.
„Papa, spielst du mit mir im Garten Fußball?", fragt er.
Papa hört nichts, weil die deutsche Mannschaft gerade einen Angriff startet.
„Spiel ab!", ruft Papa. „Nun spiel doch endlich ab!"
10 Doch Sebastian Deisler hört nicht auf Papa.
Er dribbelt weiter – und verliert den Ball.
„Ja, ist es denn zu fassen?", poltert Papa. „Verliert diese Flasche den Ball,
wo zwei Mann sich herrlich freigelaufen haben. Hast du das gesehen?"
Kevin schüttelt den Kopf und wiederholt seine Frage.
15 „Ja, ja", antwortet Papa, obwohl er gar nicht zugehört hat.
Kevin wartet darauf, dass Papa aufsteht.
Aber der muss jetzt mithelfen, einen italienischen Angriff zu stoppen.
„Geh ran! Ja, gut so. Außen decken! Nicht flanken lassen!"
Trotz Papas Anweisungen trickst der italienische
20 Linksaußen den deutschen Abwehrspieler aus und
zieht eine schöne Flanke vor das deutsche Tor.
Papa reckt den Hals, als wolle er den Ball wegköpfen.
Zum Glück springt Sebastian Deisler höher
und verhindert so ein Tor.

25 Kevin zieht seinen Papa am Hemd.
„Du sollst mit mir Fußball spielen."
„Jetzt doch nicht, wo es gerade so spannend ist",
sagt Papa.
Er lässt den Bildschirm nicht aus den Augen
30 und gibt schon wieder seine Anweisungen.
„Angreifen! Los, schneller! Ja, richtig. Links steht einer frei. Abspielen!
Na also, es geht doch." Papa ist zufrieden.
Erst als Ballack den Ball erhält, meckert Papa.
„Der spielt natürlich wieder nicht ab. Abspielen!"
35 Ballack denkt nicht daran. Er umdribbelt zwei, drei Italiener.
„Du sollst abspielen!", ruft Papa.
Plötzlich schlägt Ballack einen Haken wie ein Hase und schießt.
Der italienische Torwart fliegt in die Ecke, kann den Ball jedoch nicht halten.

Papa springt aus dem Sessel hoch. „Tor! Tor! Tor!", jubelt er
40 und umarmt seinen Sohn. „Hast du das gesehen,
wie der Ballack dribbeln kann? Wie ein Brasilianer!"
Bevor Kevin etwas sagen kann,
guckt Papa schon wieder zum Bildschirm.
Kevin spielt mit seinem Ball.
45 Er lässt ihn ein paar Mal auf der Fußspitze tanzen,
von dort aufs Knie und wieder auf die Fußspitze.
„Papa, guck mal!"
Papa dreht kurz den Kopf. „Mach keinen Unsinn."
Kevin wartet bis zum Schlusspfiff.
50 Dann fragt er: „Spielst du jetzt endlich mit mir?" …

Manfred Mai

In diesem Buch findest du noch andere Geschichten rund ums Thema Fußball.

❶ Schreibe die Wörter auf, die du nicht kennst.

❷ Sprecht über die unbekannten Wörter.

❸ Was ist **dribbeln**? Wer hat Recht?
Cedric sagt: „Dribbeln ist, wenn man den Ball verliert."
Sarah sagt: „Dribbeln ist, wenn man mit dem Ball am Fuß läuft."

❹ Sprecht über Kevin und seinen Vater.
• Wie möchte Kevin seine Freizeit verbringen?
• Wie möchte Kevins Vater seine Freizeit verbringen?

❺ Wie könnte die Geschichte weitergehen?
Schreibe die Geschichte weiter. → 215

❻ Wie verbringt ihr am liebsten eure Freizeit?
Sprecht darüber.

Das Sportmagazin

ANPFIFF — Das Sportmagazin

Borussia Dortmund trifft in letzter Sekunde

**Schalkes Türke spielt sich in die Herzen der Zuschauer.
Aber dann war er leider am Dortmunder Ausgleich beteiligt.**

Von Thomas Heinrichs

Gelsenkirchen
Was für ein aufregendes Derby! Schalke stürmt und stürmt, führt verdient 2:0 – und bekommt am Schluss doch noch zwei Tore rein. Dortmund wird dafür belohnt, bis zur letzten Minute gekämpft zu haben.

Schalke startet richtig klasse. Immer wieder kurbelt der Türke Hamit Altintop die Schalker Angriffe an. Das Stadion ist ausverkauft. „Auf Schalke" kommt es zu einer Super-Stimmung. Der Schalker Stürmer Kuranyi schießt aus der Drehung an die Latte. Der Dortmunder Dede foult den Schalker Asamoah im Strafraum. Trotzdem gibt der Schiedsrichter keinen Elfmeter. Als in der 39. Minute der Ball vor die Füße von Altintop rollt, überlegt dieser nicht lange und schießt die Kugel aus 22 Metern ins Tor der Dortmunder.
Auch nach der Pause stürmen die Schalker weiter. Immer wieder laufen die Angriffe über Altintop. In der 58. Minute läuft er mit dem Ball am Fuß von der Mittellinie aus los und wird von keinem Dortmunder Spieler richtig angegriffen. Also haut der Türke wieder aufs Tor. Diesmal trifft er unten links ins Tor! Tipptopp, dieser Altintop!

Doch Dortmund gibt nicht auf. Der gerade eingewechselte neue Ungar Hajnal schießt einen Freistoß unhaltbar für den Schalker Torwart ins Tor. Jetzt steht es nur noch 2:1. Die Dortmunder versuchen nun alles, um doch noch den Ausgleich zu erreichen. 5 Minuten vor Schluss verpasst der Dortmunder Valdez eine große Chance mit dem Kopf. In der letzten Spielminute schießt der Dortmunder Dede aus 20 Metern auf das Schalker Tor. Ausgerechnet der zweifache Torschütze Altintop fälscht den Ball vor die Füße des Dortmunder Stars Alexander Frei ab. Der schiebt das hochverdiente 2:2 eiskalt ins Tor. Jetzt jubeln natürlich die Dortmunder.

Sofort nach dem Tor tritt der Schalker Asamoah den liegenden Frei und erhält zu Recht die rote Karte. Ein Revier-Derby voller Aufregung!

S04 — BVB 09   2 : 2

---

❶ Lies den Text.
Ordne die Überschriften den Abschnitten zu:
- Schlechter Verlierer
- Altintop „tanzt" Dortmund aus
- Frei verdirbt den Schalkern die Freude

❷ Vergleicht eure Ergebnisse.
Begründet eure Entscheidungen.

Fußball-Trainings-Tipps

Der magische Tunnel

Wer ein richtiger Fußballprofi werden will,
muss sehr geschickt mit dem Ball umgehen können.
Es ist nämlich gar nicht so einfach,
ihn schnurgerade zu schießen!
5 Und das könnt ihr folgendermaßen üben:
Alle Spieler einer Mannschaft – sechs sollten
es schon sein – stehen dicht hintereinander mit
gegrätschten Beinen. Der erste Spieler schießt den
Ball durch den „Bein-Tunnel" nach hinten. Der Spieler
10 am Schluss nimmt den Ball an und dribbelt an den
anderen vorbei nach vorne. Von dort aus schießt er
wieder nach hinten durch den Tunnel usw.

KNISTER

Hier erfährst du, wie Lilli sich in den besten Fußballspieler der Schule verliebt und wofür sie mit einem spektakulären Zaubertrick sorgt.

Torschützenkönig

Die Spieler – ihr braucht wieder mindestens
sechs – fassen sich an der Hand und bilden
einen engen Kreis. In die Mitte kommt der
Fußball. Nun versucht jeder, den Ball durch
5 die Beine aus dem Kreis zu schießen. Ihr dürft
euch dabei unter keinen Umständen loslassen.
Wer es doch tut, bekommt zunächst die gelbe
Karte, beim zweiten Regelverstoß die rote.
Wer die meisten Tore erzielt, ist Torschützen-
10 könig oder -königin.
Was meint ihr, was das für ein verrücktes
Gerangel und Gedribbel gibt!

KNISTER

① Probiert die Trainings-Tipps aus.

② Kennt ihr noch andere Trainings-Tipps?
Stellt sie euch gegenseitig vor.

③ Schreibt eure Trainings-Tipps auf.
Ihr könnt sie zu einem Buch zusammenstellen.

Basta und Paulines Bombe

Pauline durfte auf dem Reiterhof helfen. Sie hatte sich das toll vorgestellt.
Bestimmt bin ich den ganzen Tag bei den Pferden,
dachte sie, ich darf sie füttern und striegeln.
Aber so war es leider nicht.

5 Die Pferde grasten auf der Weide, während Pauline
ihre Ställe ausmistete. Puh, das stank!
Mit der Mistgabel baggerte Pauline das dreckige Stroh
nach draußen. Am liebsten hätte sie sich die Nase zugehalten.
Aber mit einer Hand konnte sie die Mistgabel nicht halten.

10 „Mutti soll noch einmal sagen: ‚Dein Kinderzimmer sieht aus
wie ein Pferdestall!' Der werd ich etwas erzählen.
Die hat ja keine Ahnung!", maulte Pauline vor sich hin.

Da erschien Herr Jokel im Stall.
Herrn Jokel gehörten die Pferde, der Stall und die Weide.
15 Er trug immer hohe Reiterstiefel und ein schwarzes Käppi.
Ruhig sah er sich im Stall um. Dann lächelte er.
„Du hast aber fein sauber gemacht. Sieht es in deinem Zimmer
zu Hause auch so schön aus?" Herr Jokel konnte ja nicht ahnen,
wie sehr er damit bei Pauline ins Fettnäpfchen trat.

20 Vor lauter Aufregung atmete Pauline mehr Luft ein, als sie brauchte.
Das passierte ihr oft. Dann verschluckte sie sich manchmal und stotterte.
Pauline schämte sich deswegen jedes Mal und wurde knallrot.
Wenn sie so eine „Bombe" hatte,
wäre sie am liebsten im Erdboden versunken.

25 Aus Angst, jetzt wieder zu stottern, sagte Pauline nichts.
Einen roten Kopf bekam sie trotzdem.

Herr Jokel schien es nicht zu bemerken.
Er streckte Pauline seine Hand
freundschaftlich entgegen und fragte:
30 „Hast du schon mal ein richtiges Pferd geritten?"
Pauline starrte vor sich auf den Boden
und schüttelte stumm den Kopf. So ein Mist,
dachte sie, meine Birne brennt wieder wie eine Glühlampe.

„Komm!", sagte Herr Jokel. „Basta will dich kennenlernen. Basta ist ein Hengst.
35 Er wird dir gefallen. Er mag Mädchen wie dich."
Irgendwie schaffte Pauline es, Herrn Jokels Hand doch zu nehmen.
Sie sah ihn nicht an. Aber sie ging neben ihm her zur Weide.
„Sieh nur! Da hinten läuft Basta. Er jagt Schmetterlinge.

Er frisst sie nicht. Er riecht nur dran. Aber die Schmetterlinge wissen das nicht.
40 Deshalb haben sie Angst vor ihm und fliehen.
Ruf ihn. Dann kommt er." „Glaub ich nicht", dachte Pauline.
So ein tolles Pferd kommt bestimmt nicht, wenn ich es rufe. Ich mit meiner Bombe.

Herr Jokel drückte Paulines Hand. „Ruf ihn!"
Pauline schloss die Augen, atmete einmal tief durch und
45 hörte sich dann rufen: „Basta! Basta!"
„Lauter! Du musst lauter rufen. Sonst nimmt Basta es nicht ernst."
Der kommt sowieso nicht, dachte Pauline. Am liebsten wäre sie weggelaufen.
Aber Herr Jokel hielt sie fest an der Hand.
Ohne sich dabei zu verhaspeln, donnerte Paulines Stimme:
50 „Basta! Komm sofort her!" Pauline traute ihren Augen nicht.
Dieses große, schöne Tier wieherte fröhlich und galoppierte folgsam heran.
Basta blieb vor Pauline stehen und wartete auf ein Lob.
Pauline streckte eine Hand aus und streichelte Bastas Kopf.

Stolz sah Pauline Herrn Jokel an. Ihr Kopf glühte nicht mehr.
55 Von der Weide her wehte ein kühler Wind.
Plötzlich spürte Pauline: Basta gehorchte ihr.
Es war ihm egal, ob sie einen roten Kopf hatte oder nicht.
„K … k … k … können Sie mir beibringen,
auf ihm zu reiten?", fragte Pauline.
60 Herr Jokel nickte: „Aber klar.
Wir fangen am besten sofort damit an."

Das alles ist jetzt schon fast ein Jahr her.
Pauline ist eine begeisterte, mutige Reiterin geworden.
Wenn sie mit Basta spricht, stottert sie nie.

Klaus-Peter Wolf

❶ Was bedeutet das Wort **Bombe** in diesem Text?

❷ Warum bekommt Pauline später keine Bombe mehr?

❸ Gibt es Situationen in eurer Freizeit, in denen ihr aufgeregt seid? Sprecht darüber.

In diesem Buch findest du noch andere Geschichten rund ums Thema Reiten.

Tierfreundschaften

Von Edel Marzinek-Späth

Pferde sind Herdentiere, sie mögen Gesellschaft. Doch auch bei Vierbeinern gilt: Den einen mag man lieber, den anderen weniger …

„Komm, Landor!" Energisch führt der 13-jährige Mark seinen Haflinger in den Hänger. „Heute geht's ohne Samira zur Klinik. Bleib ganz ruhig, du schaffst das!" Marks Vater verriegelt die Rampe, startet den Rover. Kaum hat das Gespann die Landstraße erreicht, trappelt der Wallach nervös, schlägt gegen die Wand, wiehert verzweifelt. „Papa, sollen wir nicht doch lieber …", setzt Mark an. Sein Vater unterbricht ihn. „Landor muss endlich lernen, allein transportiert zu werden." Der Junge leidet still mit seinem Pferd. Als sie bei der Tierklinik eintreffen, zittert Landor am ganzen Körper, ist schweißgebadet und will einfach nicht aussteigen. „Meine Güte", stöhnt Marks Vater, „führ dich nicht so auf!" Aber dann kehrt er doch um und fährt zurück zum Hof.

Auf der Hauskoppel trabt Samira, die Oldenburger Stute von Marks Schwester, unruhig am Zaun hin und her. Landor wiehert aufgeregt. Samira antwortet, drängt zum Ausgang. Als Mark sie holt und zum Hänger bringt, kann er sie kaum halten. Freudig begrüßen sich die beiden Pferde, beschnobern sich zärtlich – und bleiben während der Fahrt völlig ruhig.

In der Klinik stellt sich Landor gelassen unter die Höhensonne, die er regelmäßig wegen seiner Hautallergie bekommt. Samira wartet draußen geduldig. „Die dicksten Freunde, die ich kenne", lacht der Tierarzt. „Sie hängen wie Kletten zusammen", brummelt Marks Vater. „Sogar wenn der Hufschmied kommt, muss man sie nebeneinander stellen." Und Mark erzählt, dass er meist nur zusammen mit seiner Schwester ausreiten kann …

❶ Überlege dir eine Überschrift zu diesem Text.

❷ Lies die einzelnen Abschnitte. Finde zu jedem Abschnitt eine Überschrift.

❸ Vergleicht eure Ergebnisse. Habt ihr unterschiedliche Überschriften ergänzt? Begründet eure Entscheidungen.

Reit-Tipps

① Erst wenn du auf dem Pferderücken gut die Balance halten kannst, kannst du deinem Pferd auch richtig „mitteilen", in welcher Gangart, Haltung und in welchem Tempo es sich bewegen soll. Diese Signale nennt man Hilfen. Du gibst sie mit deinem Gewicht, den Schenkeln und durch das Annehmen und Nachgeben der Zügel. Wenn deine Hilfengebung gut klappt, kannst du in einer Abteilung reiten. Das ist eine Gruppe von Reitern.

② In der deutschen Reitweise lernst du schon zu Anfang, wie man den Pferderücken beim Traben durch das „Leichttraben" entlastet. Der Reiter erhebt sich dazu jedes Mal, wenn das innere Hinterbein des Pferdes abfußt (abhebt), ein wenig aus dem Sattel. Bei der zweiten Fußfolge setzt er sich geschmeidig wieder hin.

③ Den ersten Unterricht bekommst du meist an der Longe. Du sitzt im Sattel, nimmst aber die Zügel noch nicht in die Hand. Der Reitlehrer führt das Pferd an einer langen Gurtleine, der Longe, und lenkt es in einem großen Kreis um sich herum. So kannst du üben, locker und entspannt zu sitzen, ohne dass du dem Pferd im Maul und im Rücken wehtust.

Edel Marzinek-Späth

❶ Lies die drei Textteile genau. Welches Bild passt zu welchem Text?

❷ Kennt ihr noch weitere Reit-Tipps? Gestaltet ein Reit-Tipp-Plakat mit Erklärungen und Bildern. → 52/53

Texte verstehen

Die Geschichte des Frauenfußballs

Vor knapp 100 Jahren haben die ersten Mädchen
in Deutschland begonnen, Fußball zu spielen.
Die jungen Frauen waren Mitglied in Sport- und Turnvereinen
und wurden von den Männern als „wilde Mädels" bezeichnet.
5 1930 gründete die mutige Metzgerstochter Lotte Specht
in Frankfurt Deutschlands erste Damenmannschaft.
Manche Männer bewarfen die Fußballerinnen mit Steinen,
weil sie nicht wollten, dass Frauen Fußball spielen.
Nach einem Jahr musste der Verein aufgelöst werden.
10 Die Eltern hatten den Mädchen das Fußballspielen verboten.
Vor ungefähr 50 Jahren wurden dann mehrere
Frauen-Fußballvereine gegründet.
1974 wurde in Deutschland zum ersten Mal
die Deutsche Frauen-Fußball-Meisterschaft ausgespielt.

Es sind vier Abschnitte.

Ich glaube, der erste Abschnitt endet mit Zeile 4.

So prüfen wir, ob wir einen Text verstanden haben:

1. Lies den Text.
2. Überlege, was du erfahren hast.
3. Überlegt, wo Absätze beginnen.

Wir gliedern einen Text

15 Die Nationalmannschaft der Frauen wurde im Jahre 1989
zum ersten Mal Europameister.
Als Preis für diesen Erfolg bekam sie vom DFB
Teller und Tassen geschenkt.
Bis heute haben die deutschen Frauen sechsmal
20 die Europameisterschaft gewonnen.
Den größten Erfolg erzielten die Damen aber im Jahr 2003,
als sie in Amerika Weltmeisterinnen wurden.
Sie gewannen im Endspiel gegen Schweden mit 2:1.
Bei Olympia 2008 erzielten die deutschen Fußballfrauen den 3. Platz.

- Jetzt geht's richtig los
- Die „wilden Mädels"
- Die Erfolge der Frauen-Fußballnationalmannschaft
- Männer wollen keinen Frauenfußball

Zeile 1 bis 4:
Die „wilden Mädels"

Zeile 5 bis ...

4 Ordnet jedem Abschnitt eine Überschrift zu.

5 Vergleicht eure Ergebnisse.
Begründet eure Entscheidungen.

Texte schreiben

> Wenn ihr Ideen zu einem Thema sammeln wollt, könnt ihr ein Cluster erstellen.

So sammeln wir Ideen für einen Text:

1. Legt einen großen Bogen Papier auf einen Tisch. Die Gruppe steht um den Tisch herum. Mitten auf dem großen Blatt steht das Thema.

2. Ein Kind bekommt einen dicken Schreibstift. Das Kind schreibt seinen Einfall als Stichwort, kreist es ein und zieht eine Verbindungslinie.

3. Dann bekommt das nächste Kind den Stift. Dieses Kind schreibt seinen Einfall entweder an eine ganz neue Stelle oder verbindet sein Stichwort mit einem vorhandenen.

Wir erstellen ein Cluster

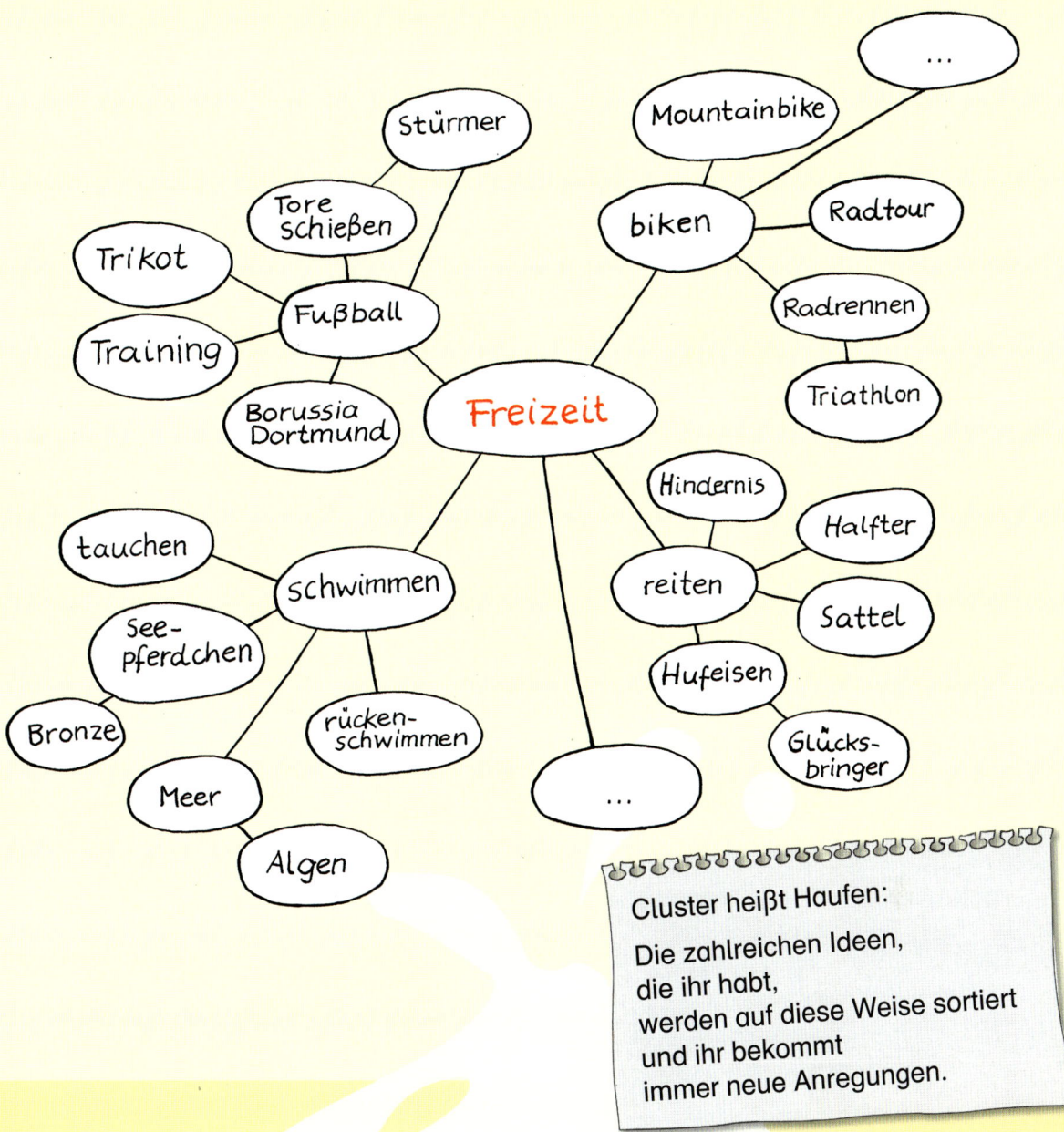

Freizeit

- Fußball
  - Stürmer
  - Tore schießen
  - Trikot
  - Training
  - Borussia Dortmund
- biken
  - Mountainbike
  - ...
  - Radtour
  - Radrennen
  - Triathlon
- Schwimmen
  - tauchen
  - Seepferdchen
  - Bronze
  - rückenschwimmen
  - Meer
  - Algen
- reiten
  - Hindernis
  - Halfter
  - Sattel
  - Hufeisen
  - Glücksbringer
  - ...

Cluster heißt Haufen:

Die zahlreichen Ideen, die ihr habt, werden auf diese Weise sortiert und ihr bekommt immer neue Anregungen.

4 Wichtig: Kein Kind darf sprechen! Alle gehen schweigend um den Tisch herum. Jedes Kind schreibt seinen Einfall an die passende Stelle, kreist ein, zieht eine Verbindungslinie und gibt den Stift weiter.
Nach zehn Minuten habt ihr ein Plakat mit vielen Stichwörtern zum Thema gestaltet, das Cluster.

5 Jedes Kind schreibt zu einem Stichwort einen Text.

Verschiedene Textsorten

①
Radeln
immer schneller
wie der Wind
über einen langen Feldweg
angekommen!

② **Die Tour de France**
Das berühmteste Radrennen der Welt ist die Tour de France. Jedes Jahr im Sommer fahren viele Radrennteams durch Frankreich. Die Fahrer legen an ca. 20 Tagen 3500 bis 4000 km zurück. Der schnellste Fahrer in der Gruppe darf das gelbe Trikot tragen. Die erste Tour de France startete am 1. Juli 1903 in der Nähe von Paris.

③ Peters Lampe am Fahrrad funktioniert nicht. Trotzdem fährt er mit dem Rad durch die Dämmerung. Als ein Polizist ihn sieht, sagt er: „Du musst absteigen und dein Rad schieben, weil das Licht nicht brennt." Da antwortet Peter: „Ach, das habe ich auch schon ausprobiert. Aber beim Schieben funktioniert das Licht auch nicht."

④ Am Samstag machen wir mit unseren Eltern eine Radtour. Damit alles gut klappt, müssen wir uns an Regeln halten:
1. Ein Erwachsener fährt vor.
2. Wir fahren hintereinander.
3. Wir tragen unsere Fahrradhelme.
4. Wenn ein Radweg vorhanden ist, benutzen wir ihn.
5. Wenn wir die Straße überqueren müssen, halten wir vorher an.

Paul: Ich habe Regeln für unsere Fahrradtour geschrieben.

Tina: Ich habe einen Witz geschrieben.

Ben: Ich habe ein Gedicht geschrieben.

Jonna: Ich habe einen Sachtext geschrieben, wie er in einem Lexikon stehen könnte.

❶ Lies die Texte genau. Welches Kind hat welchen Text geschrieben?

❷ Schreibe einen Text zum Thema **Schwimmen.** Entscheide dich vorher für eine Textsorte.

❸ Vergleicht eure Texte. Gibt es Texte, die zur gleichen Textsorte gehören? Begründet eure Meinung.

Zusammengesetzte Nomen

Wollen wir heute Nachmittag zusammen ein Spiel machen?

Na klar! Das wird bestimmt super.

❶ Woran denken die Kinder bei dem Wort Spiel ?

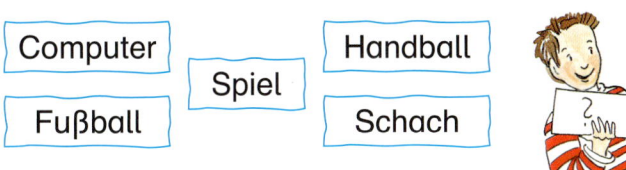

Computer   Handball
   Spiel
Fußball   Schach

Um etwas genau zu bestimmen, brauchst du häufig zusammengesetzte Nomen.

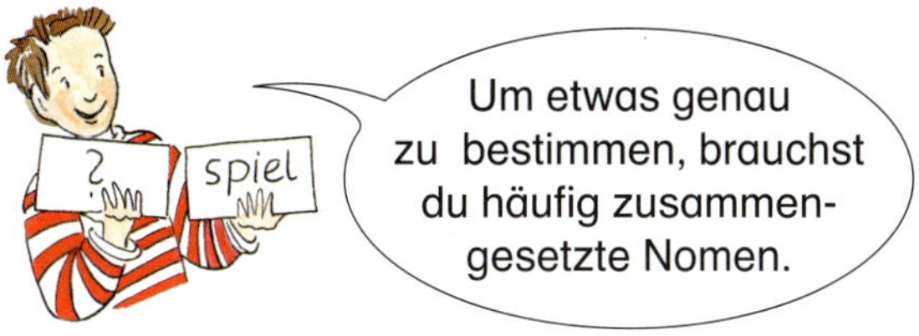

❷ Setze die Wörter zusammen.

Computer + Spiel → Computerspiel

Suche weitere Wörter mit dem Baustein Spiel .

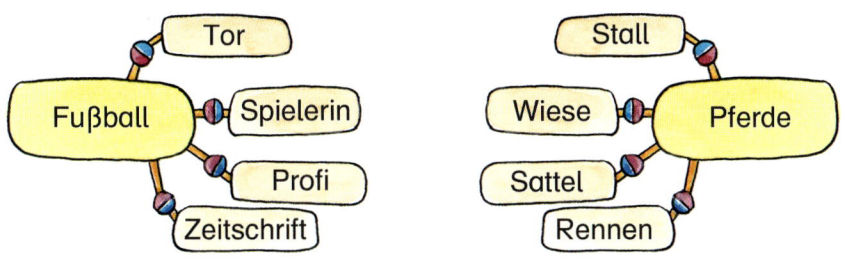

Fußball: Tor, Spielerin, Profi, Zeitschrift

Pferde: Stall, Wiese, Sattel, Rennen

❸ Setze die Nomen zusammen.

der Fußball + das Tor → das Fußballtor

Achte auf die Artikel. Was fällt dir auf?

❹ Bilde Sätze mit den zusammengesetzten Nomen.

❺ Suche weitere zusammengesetzte Nomen zu deinem Hobby. → 191

Richtig schreiben – sicher schreiben

Übungen zum Alphabet

1. **C**   2. **E**   3. **L**   4. **O**   5. **S**   6. **V**

❶ Welcher Buchstabe geht voran?
   Welcher folgt?

Torwart
Elfmeter
schießen
Kopfball

reiten
Pferd
pflegen
Stall

Klingel
fahren
lenken
Kette

Zeitung
Buch
Zeitschrift
lesen

❷ Schreibe die Wörter nach dem Abc geordnet auf.

Nachschlagen in der Wörterliste → 186

Ich finde „Kopfball" nicht in meiner Wörterliste.

Zusammengesetzte Wörter findet man selten in einer Wörterliste. Du musst bei Kopf und Ball nachschlagen.

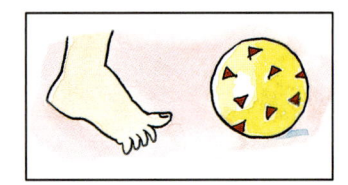

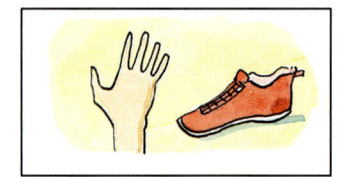

❸ Schlage die zusammengesetzten Wörter mit dem Tipp von Flo nach.
   Schreibe sie mit Seitenzahl auf.
   Kopf (Seite ▪) + Ball (Seite ▪) = Kopfball

Lernwörter-Training

Übe die Lernwörter so:

❶ ❷ ❸

❹ Ordne die Lernwörter nach dem Abc.

❺ Bilde Sätze mit den Lernwörtern.
Du kannst in einem Satz
auch mehrere Lernwörter benutzen.

❻ Bilde mit den Lernwörtern
zusammengesetzte Nomen.
der Fußball, …

| Training | Spiel | Ball |

❼ Bilde mit diesen Lernwörtern möglichst viele
zusammengesetzte Nomen.
das Schwimmtraining, …

Ball
Fuß
Hand
Pferd
Spiel
Training
Fahrrad
Sattel
reiten
füttern
bürsten
aufregend
sauber
…
…

Übungstext mit Lernwörtern
→ 182

Wörterrätsel

Bei **Sattel** muss ich mir das **großes S** und das **tt** merken.

Mein Lernwort wird mit **tt** geschrieben.

Hier habe ich zwei Möglichkeiten. Ich tippe mal auf das Wort **Sattel**.

Schreibe die Lernwörter in dein Heft.

Unterstreiche die besonderen Stellen.

Stellt euch gegenseitig Rätsel.

❽ Spielt das Wörterrätsel-Spiel.
Ihr könnt auch andere Lernwörter nehmen.

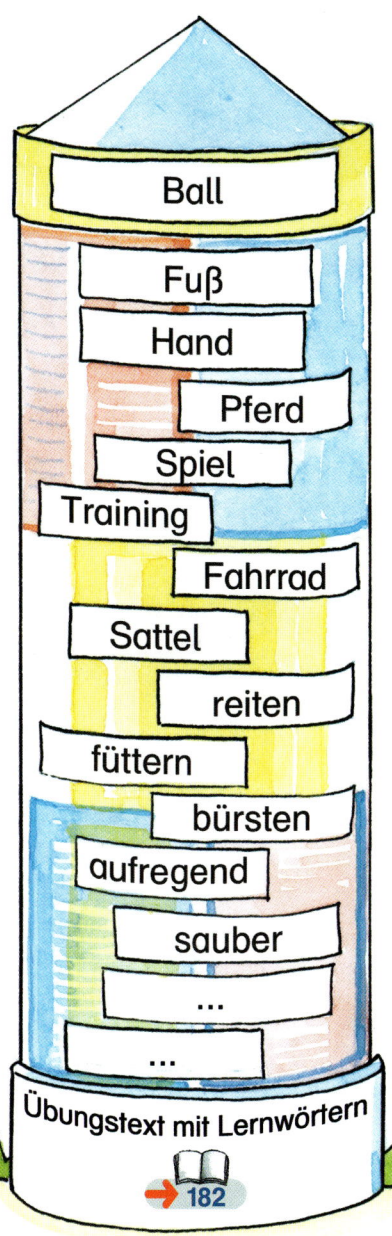

Von Samtpfoten und Kratzfüßen

Abenteuer in der Nacht

Hatte mich im Wald verirrt,
fragte mich durch.
Die Antwort eines Spechts:
Erst links, dann rechts.
Der Rat eines Finks:
Erst rechts, dann links.
Nein, doch gradaus,
sprach eine Meise,
sonst gehst du im Kreise.
Ach wo, bleib doch hier,
sagte ein Spatz,
in meinem Nest wär noch Platz.
Das brachte mich zum Lachen
und das Lachen ließ mich erwachen.

Hans Manz

Das Tierkonzert

Miuh! Miuh! Miuh!
Hier kommt die Katzenkuh.

Kakeraka! Ich bin der Hahn,
der eine fremde Sprache kann.

Krawau! Krawau! Krawau! So bellt
der kleinste Krähenhund der Welt.

I – a – quakquak! – Gefällt es dir?
Erfindest du jetzt selbst ein Tier?

Georg Bydlinski

Tierwitze

Muttermaus geht mit ihrem Sohn spazieren. Sie treffen einen Kater. Plötzlich bellt Muttermaus. Der Kater erschreckt sich und läuft weg. Meint Muttermaus: „Es ist doch immer gut, Fremdsprachen zu kennen!"

Treffen sich zwei Dackel im Park. Sagt der eine: „Ich heiße Arko vom Schlosshof. Und du, bist du auch adelig?" Sagt der andere: „Ja, ich heiße Runter vom Sofa!"

3 Von Samtpfoten und Kratzfüßen

Ein Kater ist kein Sofakissen

*In dem Buch **Ein Kater ist kein Sofakissen** lässt Christine Nöstlinger einen Kater aus seinem Leben erzählen. Kurz nach seiner Geburt muss er seine Mutter und seine Geschwister verlassen und wird von einer Familie mit zwei Kindern, wovon das jüngere „Axelburli" genannt wird, mit in ihre Stadtwohnung genommen. Nun beginnt für den kleinen Kater „Samuel" eine harte Zeit.*

Die Zeit mit dem Namen „Samuel"

Ich erinnere mich erst wieder an den Augenblick, wo es hell im Korb wurde, weil jemand den Deckel abnahm. Der Axelburli holte mich aus dem Korb und setzte mich auf einen Teppich.
Das größere Kind rief: „Ich möchte, dass die Katze Samuel heißt!"

5 Die ersten paar Tage in meinem Samuelleben waren gar nicht so übel. Meine Mutter fehlte mir zwar. Und meine Geschwister fehlten mir auch ein bisschen. Aber in der Milchschüssel, die mir das größere Kind hingestellt hatte,
10 war immer Milch. Und neben die Milchschüssel hatte es noch ein Holzbrett mit kleinen Fleischstückchen gestellt.
Ich konnte fressen, so viel ich wollte. Keine Schwester und kein Bruder nahmen mir die Bissen weg.
15 Bloß der Axelburli war lästig. Und der wurde von Tag zu Tag lästiger.
Dauernd wollte er mich herumtragen und an mir herumstreicheln. Wenn ich mich unter ein Bett verkroch, zog er mich am Schwanz hervor. Wenn ich auf einen Schrank sprang, stieg er auf einen Stuhl und holte mich vom Schrank herunter.
Und auf den hohen Schrank, auf dem ich vor ihm in Sicherheit gewesen wäre,
20 konnte ich damals selber noch nicht springen. Einmal versuchte der widerliche Axelburli sogar, in meinen Schwanz einen Knoten zu machen. Und einmal wollte er mir ein Puppenkleid anziehen. Einmal band er mir eine Schnur an den Schwanz und an die Schnur eine leere Cola-Dose.
Ich hatte große Angst vor dem Axelburli! Wenn Katzen Angst haben, fauchen sie.
25 Und ihr Fell sträubt sich. Und sie fletschen die Zähne.
Das weiß jeder, der Katzenangst kennt.
Aber die Menschen, bei denen ich war, kannten sich mit Katzenangst überhaupt nicht aus. Sie hielten mich für böse und für gefährlich.
Weil ich von Tag zu Tag immer mehr Angst vor dem Axelburli bekam,
30 sträubte sich mein Fell natürlich auch von Tag zu Tag mehr und mein Fauchen wurde immer lauter.

Die Frau sagte: „Das Vieh benimmt sich ja wie eine Wildkatze!"
Der Mann sagte: „Da muss man Angst um die Kinder haben!"
Die Frau sagte: „Die Katze muss aus dem Haus!"
35 Das größere Kind sagte: „Ich traue mich gar nicht mehr, die Katze anzufassen."
Die Frau mochte mich auch aus einem anderen Grund nicht: Weil ich nicht „stubenrein" war! Dabei gibt es gar nichts „Stubenreineres" als Katzen!
Katzen scharren zuerst ein Loch in die Erde und hocken sich dann über das Loch und „machen" in das Loch hinein und schaufeln hinterher das Loch mit den Pfoten
40 zu. Dabei schnuppern sie. Sie schaufeln so lange, bis man nichts mehr riechen kann.
Wenn eine Katze in einer Wohnung wohnt, wo es nur harte Fußböden gibt, in die man keine Löcher scharren kann, geht sie in die Sandkiste, die man für sie aufgestellt hat. Das muss man einer Katze nicht erklären. Das kapiert sie von allein.
Ich hatte das natürlich auch kapiert. Und meistens ging ich ja auch in die Sandkiste,
45 um mein „Geschäft" – wie die Leute das nannten – zu erledigen.
Aber in der Wohnung standen überall Blumentöpfe herum. Blumentopferde ist zum Löchergraben und zum Kackeverscharren noch viel besser geeignet als Sand in einer Plastikkiste.
Wenn ich Glück hatte, bemerkte die Frau
50 nicht, dass ich mich wieder einmal in einen Blumentopf gehockt hatte.
Aber manchmal kippte so ein Blumentopf um, wenn ich rauf wollte. Und Erde fiel heraus. Und ein paar Blätter und Stängel
55 knickten ab.
Dann regte sich die Frau schrecklich auf!
Auch die Wurzeln gingen durch das Scharren kaputt, behauptete sie.
Und manchmal plumpste die Kacke
60 leider daneben.
Warum sind die Töpfe auch so klein?
Wenn das passierte, regte sich die Frau noch schrecklicher auf. Dann kreischte sie: „Hier stinkt's ja zum Umfallen! Samuel, du bist ein Luder! Wie die Pest stinkt's hier!"
Na klar! Katzenkacke stinkt! Darum vergräbt eine ordentliche Katze sie ja auch.

Christine Nöstlinger

❶ Wie geht Axelburli mit dem Kater um?

❷ Wie fühlt sich der Kater?
Begründe deine Meinung.

❸ Was wisst ihr über den Umgang mit Katzen?

Katzennächte

Mitten in der Nacht wird Cleo wach. Sie räkelt und streckt sich,
springt auf den Boden und spaziert aus dem Kinderzimmer.
Sie kann auch im Dunkeln gut sehen. Cleo springt auf das Fensterbrett.
Das Fenster ist einen Spaltbreit offen, gerade weit genug,
5 um hindurchzuschlüpfen. Einen Augenblick lang
beobachtet sie noch den dunklen Garten und horcht.
Dann springt sie hinunter und schleicht lautlos durch die Gemüsebeete.
Bei der Hecke hinten im Garten bleibt sie plötzlich stehen.
Hat es da nicht irgendwo geraschelt? Cleo erstarrt und lauscht.
10 Nur ihre Schwanzspitze zuckt kaum wahrnehmbar.
Jetzt ist es wieder still. Es war wohl nichts.
Cleo hat einen eigenen geheimen Ausgang im dichten Gebüsch.
So verschwindet sie oft aus dem Garten. Die Straße ist leer.
Doch plötzlich taucht ein grelles Licht vor ihr auf.
15 Mit zwei langen Sätzen springt sie auf die andere Straßenseite
und ist schon im Wald verschwunden, als das Auto vorbeirast.
Cleos Herz klopft. Sie bleibt stehen, aber zur Ruhe kommt sie nicht.
Ein lauter, langer Schrei ist von oben zu hören. Eine Eule. Plötzlich spürt sie
die großen weichen Flügel dicht über ihrem Kopf. Die Eule schreit ihr ins Ohr.
20 Cleo duckt sich, legt die Ohren an und jagt davon. Erst nach einer ganzen Weile
bleibt sie wieder stehen und horcht. Die Eule ist längst fort. Jetzt hat Cleo Hunger.
Langsam schleicht sie durchs Unterholz. Kein Laut, nicht die geringste Bewegung
entgehen ihr. Hier muss es doch Mäuse geben.
Da raschelt es tatsächlich, aber viel zu laut für eine Maus.
25 Cleo ist das nicht geheuer. Ihr Schwanz wird ganz buschig.
Da hinten muss ein großes Tier kommen. Aber das Gebüsch ist so dicht,
dass sie nichts erkennen kann.
Das Rascheln wird lauter.
Gleich muss das Tier da sein.
30 Mit einem Satz springt Cleo
auf den Baum
und legt sich auf einen Ast.
Da, es ist ein Fuchs.
Lange Zeit starrt er zu ihr herauf,
35 aber auf Bäume klettern
kann er nicht.
Schließlich macht er sich davon.
Cleo kennt eine Stelle,
wo es viele Mäuse gibt.
40 Da will sie jetzt hin.

Aus der Tür in der Mauer …

Am Waldrand wird es heller. Cleo schleicht in das Kornfeld
und legt sich auf die Lauer. Es dauert nicht lange, da entdeckt sie eine Maus,
und diesmal hat sie Glück. Sie wartet, bis die Maus ganz nahe
herangekommen ist und schnappt zu.
45 Nach dem Essen putzt sie sich gründlich. Dann läuft sie über das Kornfeld,
durch die Gärten, über Eisenbahnschienen, eine Böschung hinauf,
durch einen Zaun. Hier ist der Hof, in dem sich alle Katzen
aus der Gegend versammeln.
Einige sind getigert wie Cleo, eine ist ganz weiß, drei sind schwarz mit weißen
50 Pfoten und ein Kater ist gelb wie Ingwer. Sie sitzen allein oder
hocken dicht zusammen.
Cleo geht zu dem Gelben und leckt seine Ohren. Er rückt dicht an sie heran
und zusammen schauen sie den anderen Katzen zu.
Die weiße Katze läuft zwischen den anderen Katzen hin und her und miaut.
55 Da springt ein großer, grauer Kater mit dickem, glattem Fell über den Zaun.
Er läuft direkt auf die weiße Katze zu. Sie schmiegen sich aneinander
und beginnen zu schnurren.
Später sitzen alle Katzen im Kreis. Sie fühlen sich wohl
und bleiben bis zum Morgen zusammen.
60 Schließlich erhebt sich der graue Kater und verschwindet.
Nach und nach machen sich auch die anderen Katzen auf den Weg:
zuerst die drei Schwarzen, dann die Weiße und die Getigerten.
Zum Schluss laufen auch Cleo und der Gelbe durch das Tor,
die Straße hinunter bis zur Kirchhofsmauer. Der Gelbe springt mit einem Satz hoch,
65 balanciert noch einmal auf der Mauer und verschwindet auf der anderen Seite.
Cleo blickt ihm nach, dann trottet sie nach Hause.

Hanne Brandt

… wird ein Tier auf der Lauer

❶ Welchen Gefahren begegnet Cleo bei ihrem nächtlichen Streifzug?

❷ Vergleicht das Leben von Cleo mit dem Leben von Samuel. 42/43

❸ Kneife die Augen zusammen und schau dir die Bilder an. Was kannst du erkennen?

Die Welt der Hühner

Amerikanisches Alpenschneehuhn

Ich bin durch mein Federkleid hervorragend getarnt und vor Kälte geschützt. Ich kann lange Gänge im Schnee anlegen, um an die Knospen und Blätter der Zwergsträucher zu gelangen, von denen ich mich ernähre.

Kragenhuhn

Meinen Namen habe ich von dem Federbüschel an den Halsseiten. Das sieht aus wie ein Kragen.

Auerhahn

Ich lebe in Nadelwäldern. Man erkennt mich an meinem Balztanz zu Ehren eines Weibchens, wobei ich sehr merkwürdige Töne von mir gebe. Meine Frau heißt natürlich **Auerhuhn**.

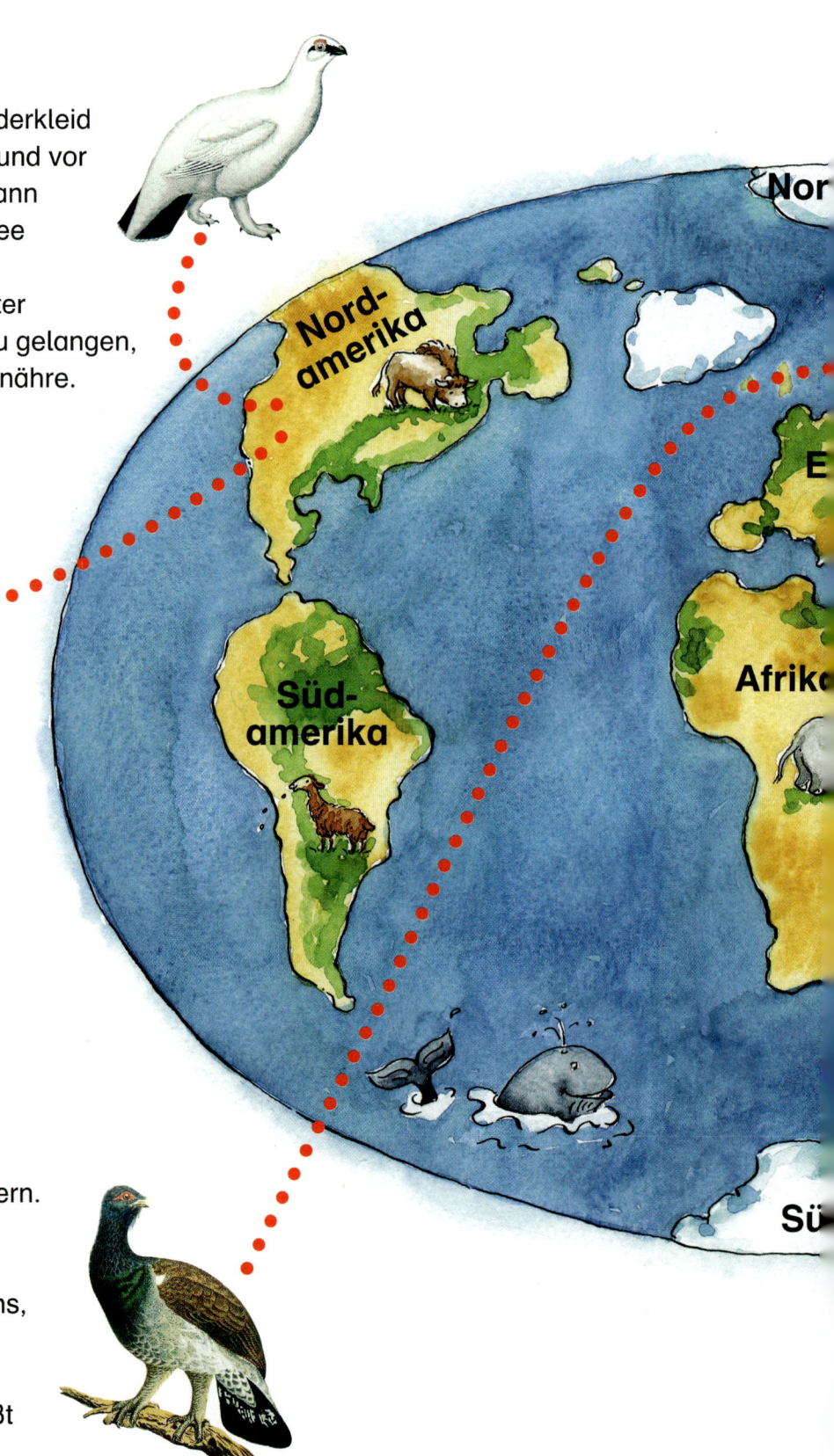

Odinshühnchen

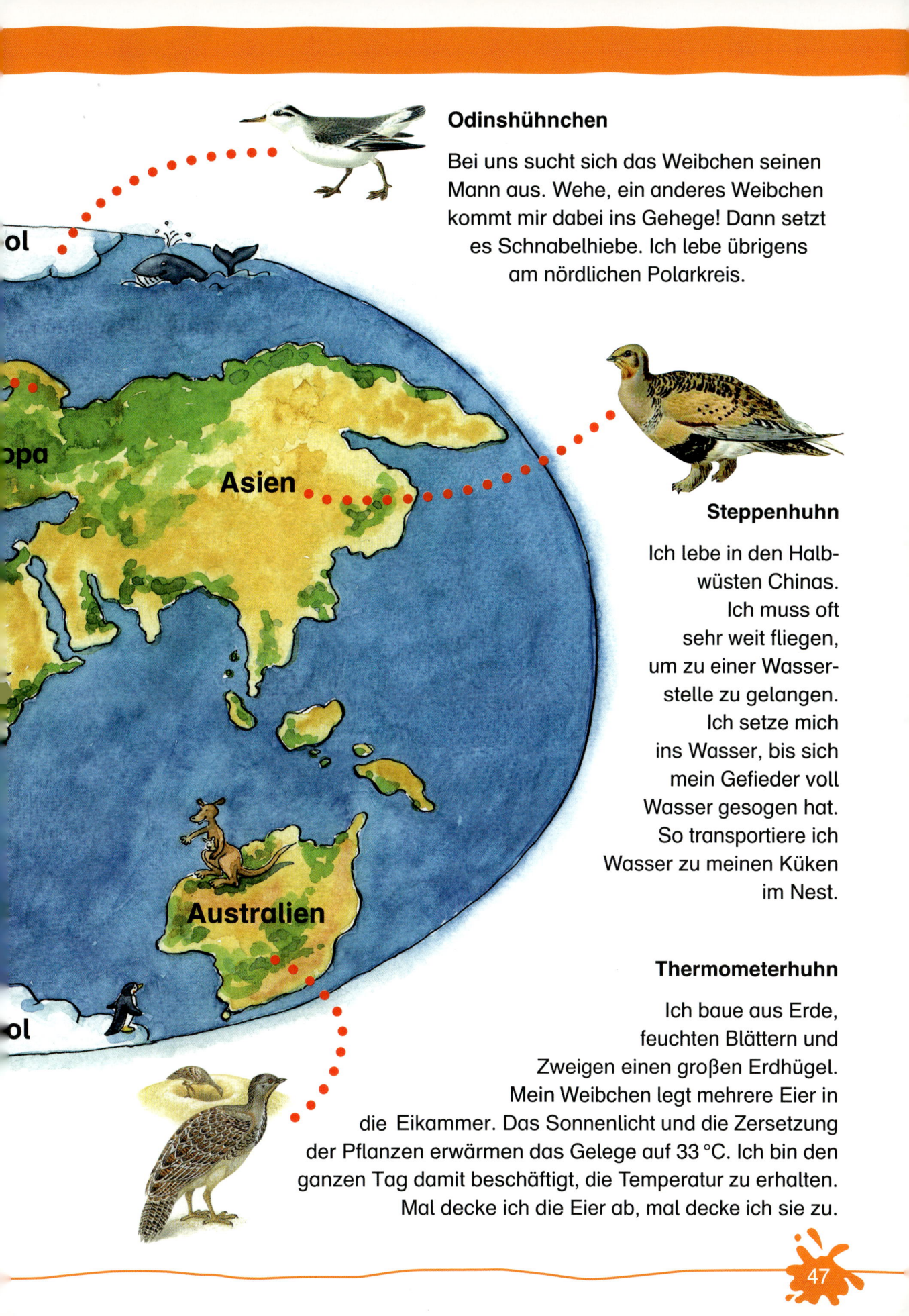

Bei uns sucht sich das Weibchen seinen Mann aus. Wehe, ein anderes Weibchen kommt mir dabei ins Gehege! Dann setzt es Schnabelhiebe. Ich lebe übrigens am nördlichen Polarkreis.

Steppenhuhn

Ich lebe in den Halbwüsten Chinas. Ich muss oft sehr weit fliegen, um zu einer Wasserstelle zu gelangen. Ich setze mich ins Wasser, bis sich mein Gefieder voll Wasser gesogen hat. So transportiere ich Wasser zu meinen Küken im Nest.

Thermometerhuhn

Ich baue aus Erde, feuchten Blättern und Zweigen einen großen Erdhügel. Mein Weibchen legt mehrere Eier in die Eikammer. Das Sonnenlicht und die Zersetzung der Pflanzen erwärmen das Gelege auf 33 °C. Ich bin den ganzen Tag damit beschäftigt, die Temperatur zu erhalten. Mal decke ich die Eier ab, mal decke ich sie zu.

Zwei Hähne

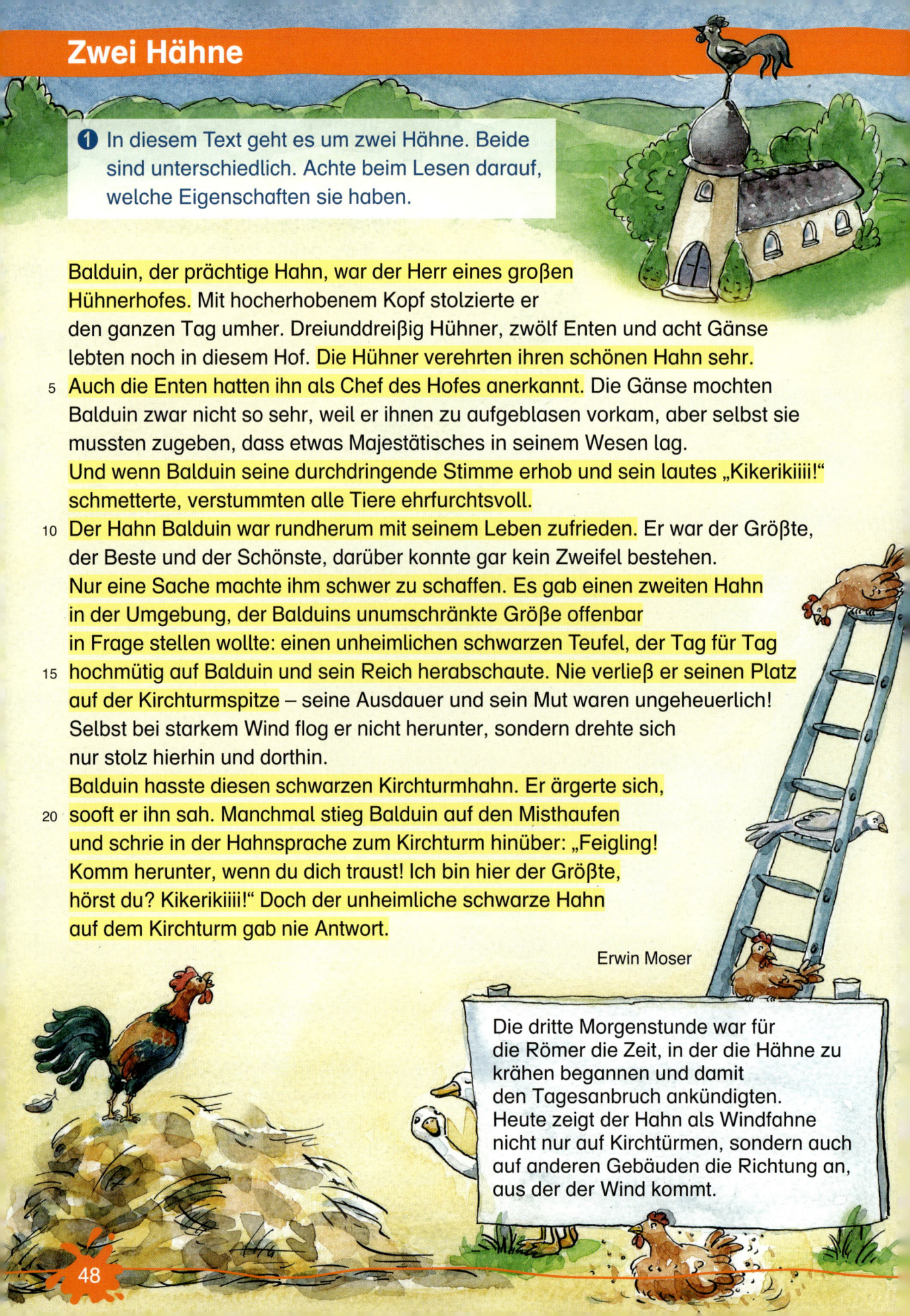

❶ In diesem Text geht es um zwei Hähne. Beide sind unterschiedlich. Achte beim Lesen darauf, welche Eigenschaften sie haben.

Balduin, der prächtige Hahn, war der Herr eines großen Hühnerhofes. Mit hocherhobenem Kopf stolzierte er den ganzen Tag umher. Dreiunddreißig Hühner, zwölf Enten und acht Gänse lebten noch in diesem Hof. Die Hühner verehrten ihren schönen Hahn sehr.
5 Auch die Enten hatten ihn als Chef des Hofes anerkannt. Die Gänse mochten Balduin zwar nicht so sehr, weil er ihnen zu aufgeblasen vorkam, aber selbst sie mussten zugeben, dass etwas Majestätisches in seinem Wesen lag.
Und wenn Balduin seine durchdringende Stimme erhob und sein lautes „Kikerikiiii!" schmetterte, verstummten alle Tiere ehrfurchtsvoll.
10 Der Hahn Balduin war rundherum mit seinem Leben zufrieden. Er war der Größte, der Beste und der Schönste, darüber konnte gar kein Zweifel bestehen.
Nur eine Sache machte ihm schwer zu schaffen. Es gab einen zweiten Hahn in der Umgebung, der Balduins unumschränkte Größe offenbar in Frage stellen wollte: einen unheimlichen schwarzen Teufel, der Tag für Tag
15 hochmütig auf Balduin und sein Reich herabschaute. Nie verließ er seinen Platz auf der Kirchturmspitze – seine Ausdauer und sein Mut waren ungeheuerlich! Selbst bei starkem Wind flog er nicht herunter, sondern drehte sich nur stolz hierhin und dorthin.
Balduin hasste diesen schwarzen Kirchturmhahn. Er ärgerte sich,
20 sooft er ihn sah. Manchmal stieg Balduin auf den Misthaufen und schrie in der Hahnsprache zum Kirchturm hinüber: „Feigling! Komm herunter, wenn du dich traust! Ich bin hier der Größte, hörst du? Kikerikiiii!" Doch der unheimliche schwarze Hahn auf dem Kirchturm gab nie Antwort.

Erwin Moser

Die dritte Morgenstunde war für die Römer die Zeit, in der die Hähne zu krähen begannen und damit den Tagesanbruch ankündigten. Heute zeigt der Hahn als Windfahne nicht nur auf Kirchtürmen, sondern auch auf anderen Gebäuden die Richtung an, aus der der Wind kommt.

Das Sonntagshuhn

Meine Großmutter hatte Hühner,
sie liefen treppab und treppauf,
und Großvater als ihr Diener
schloss morgens die Türen auf.

Nachts schliefen sie auf den Stangen,
dann schloss er sie wieder ein.
Nicht die Hühner waren gefangen –
der Fuchs konnte nicht herein.

Hühner, wenn sie nur wollen,
verstehen jedes Wort,
das sie nicht verstehen sollen,
sofort.

Weiß sind sie und gurren leise.
Eins von ihnen ist braun.
Es hat seine eigene Weise,
gedankenvoll zu schaun.

Eines Abends, als die andren schliefen,
winkte es mich herbei
und fragte mit seinem tiefen
Blick, was ein Sonntag sei.

Hanna Johansen

❶ Wie leben die Hühner?
❷ Manchmal werden Hühner wie Menschen beschrieben.
   Suche die Textstellen.
❸ Welche Bedeutung hat das Wort **gefangen**?
   Was ist damit in diesem Gedicht gemeint?

Texte verstehen

Wie die Katze zum Heimtier wurde

Früher hatten Menschen noch keine Wohnungen.
Sie schliefen in Zelten, heute hier, morgen da.
Und so streiften in der freien Wildbahn auch die Katzen herum,
immer auf der Suche nach Beute.
5 Dann bauten Menschen die ersten Häuser und Dörfer.
Bauern hoben ihr Getreide in Speichern auf,
um auch in schlechten Zeiten daraus Mehl mahlen
und aus dem Mehl Brot backen zu können.
Das lockte die Mäuse an, aber die Katzen jagten sie.
10 Die Menschen freuten sich.
Endlich fraßen die Mäuse ihre Vorräte nicht mehr auf.
Im alten Ägypten waren den Menschen
die Katzen so wichtig,
dass sie sogar eine Katzengöttin verehrten.
15 Und die Katzen fingen nicht nur viele Mäuse,
sondern fanden auch Geborgenheit
und Ruhe bei den Menschen.
So wurde die Katze zum Heimtier.

Katzen kann man alles sagen

Auf der Treppe saß ein Mädchen,
ein graues Kätzchen auf dem Schoß.
„Dreimal drei ist zwölfundzwanzig",
flüsterte es ihm ins Ohr.

„Aber ja nicht weitersagen!"
Ernst sah es das Kätzchen an.
Keine Sorge, dacht ich, als ich's
im Vorübergehn vernahm.

Katzen kann man alles sagen.
Was man auch zu ihnen spricht,
sie verraten kein Geheimnis.
Katzen machen so was nicht!

Josef Guggenmos

So prüfen wir, ob wir einen Text verstanden haben:

1. Lies die Texte.

2. Überlege, was du erfahren hast.

3. Vergleicht die Texte. Was ist ähnlich, was ist verschieden? Zeigt die passenden Stellen in den Texten.

Wir vergleichen Texte

Ein Kater schwarz wie die Nacht

Lukas lernte schnell, wo Munkel sich versteckte,
wenn er in Ruhe gelassen werden und nur schlafen wollte.
Oft legte er sich in den Wäschekorb im Badezimmer. Manchmal versteckte er
sich in Axels Schrank. Und hin und wieder sprang er
5 auf einen der höchsten Küchenschränke und legte sich dort schlafen.
Aber es passierte auch, dass Lukas ihn gar nicht finden konnte. Und wenn er so
traurig war, dass seine Unterlippe zitterte, half Beatrice ihm suchen.
Und schließlich fanden sie ihn wieder.
Einmal hatte er den Weg in die Garage gefunden
10 und es sich in einer Kiste mit Putzlappen bequem gemacht.
Jedes Mal, wenn Lukas Munkel wieder fand, war er so froh,
dass er lange still sitzen und seinen Kater anschauen musste.
Für Lukas war es etwas ganz Neues, dass man so froh sein konnte,
dass man nichts anderes tun konnte als ganz, ganz still zu sitzen.

Henning Mankell

> Jeder Text gehört zu einer anderen Textsorte.

> Diese Textsorten gibt es: Gedicht, Erzähltext, Sachtext, …

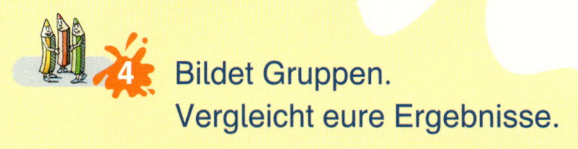

4 Bildet Gruppen.
Vergleicht eure Ergebnisse.

Texte schreiben

Hund an Autobahnraststätte ausgesetzt

Piranhas in der Erft

Rotwangenschildkröte in Kläranlage gefunden

Katze fand Herrchen nach 600 km wieder

Bedburg.
Rote Piranhas in der Erft

Eine erstaunliche Begegnung hatte ein Hobbyangler am vergangenen Wochenende beim Angeln an der Erft.
An seinem Angelhaken zappelte nicht die erwartete Forelle, sondern ein Piranha, der normalerweise im südamerikanischen Amazonas beheimatet ist.

So planen und gestalten wir ein Plakat:

1 Überlegt:
- Wen wollt ihr auf etwas aufmerksam machen?
- Was möchtet ihr erreichen?
- Wo findet ihr Informationen, mit deren Hilfe ihr überzeugen könnt?
- Welche Begründungen wollt ihr aufschreiben?
- Wie soll der Titel eures Plakates heißen?

Schreibt alles als Entwurf auf einzelne Zettel.

Wir gestalten ein Plakat

Ein Heimtier ist kein Spielzeug!

Was man vor dem Tierkauf bedenken sollte:
- Dein Tier muss auch in der Ferienzeit versorgt werden!
- ...
- ...

Man könnte etwas zum Stichwort „Futter" schreiben.

Wichtiges muss sofort ins Auge springen! Nehmt verschiedene Stifte!

2 Gestaltet euer Plakat:
- Plant die Aufteilung des Plakates.
- Gestaltet das Plakat mit Texten, Bildern und Zeichnungen.

3 Betrachtet euer Plakat und überprüft, ob ihr damit auf etwas aufmerksam machen könnt.

Ausrufe und Aufforderungen

Ausrufe

Was für eine Überraschung!

Nach einem Ausruf steht ein Ausrufezeichen !.

Aufforderungen

Geh weg!

Halte den Hund fest.

Nach einer Aufforderung kann ein Punkt oder ein Ausrufezeichen stehen . !.

→ 196

| lesen | helfen | fressen | essen | sprechen |
| werfen | geben | nehmen | sehen | treten |

❶ Schreibe die Aufforderungsformen dieser Verben auf. Prüfe mit der Wörterliste.
→ 204

❷ Was fällt dir auf?

❸ Überlege dir Aufforderungssätze. Schreibe sie auf.

Wortstamm und Wortfamilien

❶ Schreibe die Wortfamilie auf.
Welche Wörter findest du noch?
schlagen, der Vorschlag, …

| kratz | halt |
| pfleg | fall |

(Baum mit SCHLAG am Stamm, VOR, ZU, AUF in der Krone, EN an den Wurzeln)

❷ Schreibe Wörter zu diesen Wortstämmen auf.

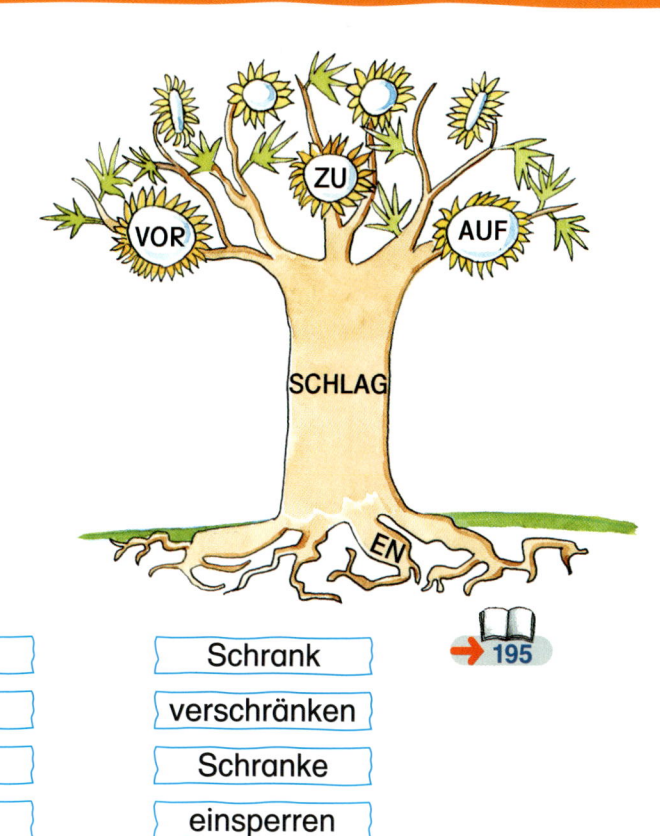

brüten	Stinktier	Schrank
ausschlüpfen	Geruch	verschränken
Brutkasten	Gestank	Schranke
ausbrüten	stinken	einsperren

→ 195

❸ Welches Wort gehört jeweils nicht zur Wortfamilie?

finden
das Fundbüro
gefunden
der Finder
die Suche
der Finderlohn
das Fundstück

reiten
geritten
breit
der Ritter
du reitest
die Reiterkappe
der Reitweg
vorreiten

fahren
er fuhr
das Fuhrwerk
der Fußgänger
die Gefahr
gefährlich
Fahrer
abfahren
das Fahrrad
die Vorfahrt
das Fahrzeug

❹ Jede Wortfamilie hat einen Gast versteckt, der nicht dazu gehört. Finde den Gast.
Schreibe die Wortfamilie ab. Unterstreiche jeweils den Wortstamm.

Wörter, die einen gemeinsamen **Wortstamm** haben,
gehören zu einer **Wortfamilie**.
Der Wortstamm kann sich auch verändern.

55

Richtig schreiben – sicher schreiben

Umlaute

Einmal
verwandle ich mich in ein Tier,
das hüpft wie ein Frosch,
schleicht wie eine Schnecke
und rennt wie ein Reh.
Ich habe die Augen von einem Uhu
und kann den Kopf
drehen wie ein Falke.
Ich grabe mich wie eine Raupe tief
in die Erde

und lasse mich an einem Faden
vom Wind durch das Land tragen.
Ich werde Räder schlagen
wie ein Pfau,
gurren wie eine Taube
und krächzen wie ein Rabe.
Und einmal kommt der Jäger
und der trifft mich nicht.

Christina Zurbrügg

❶ Suche verwandte Wörter mit ä/äu zu den blauen Wörtern im Gedicht.
die Augen – das Äuglein

❷ Bilde Sätze mit den ä- und äu-Wörtern.
Ein Eichhörnchen hat winzige Äuglein.

Rätsel

Es hat zwei schwache
Flügel
und einen roten Kamm.
Mit einem u ist es 'ne Frau,
mit einem a ein Mann.

❸ Schreibe Wortfamilien zu den blauen Wörtern im Rätsel.

Lernwörter-Training

Übe die Lernwörter so:

① ② ③

④ Ordne die Lernwörter nach dem Abc.

⑤ In welchen Wortfamilien kommen Wörter mit a und ä vor?
Schreibe sie auf.
der Schrank – die Schränke

⑥ Mit welchen Verben kannst du Aufforderungssätze bilden?
Schreibe sie auf.
Lass die Katze in Ruhe fressen!

⑦ **Spuk**

Was spukt im Flur?   Es kratzt.
Was spukt im Schrank?   Es knurrt.
Dass da was spukt,   Und mir fällt ein:
macht mich ganz krank.   Das kann nur
   meine Katze sein.

Huhn
Schrank
lassen
jagen
Hahn
kratzen
halten
gefallen
schleichen
pflegen
tragen
schlagen
nehmen
...
...

Übungstext mit Lernwörtern
→ 182

bean**trag**en
ver**trag**en
der **Träg**er
die **Träg**erin
der Hosen**träg**er
der Klassenver**trag**
tragbar

⑧ Bilde Sätze mit einigen von diesen Wörtern.
Markiere den Wortstamm.

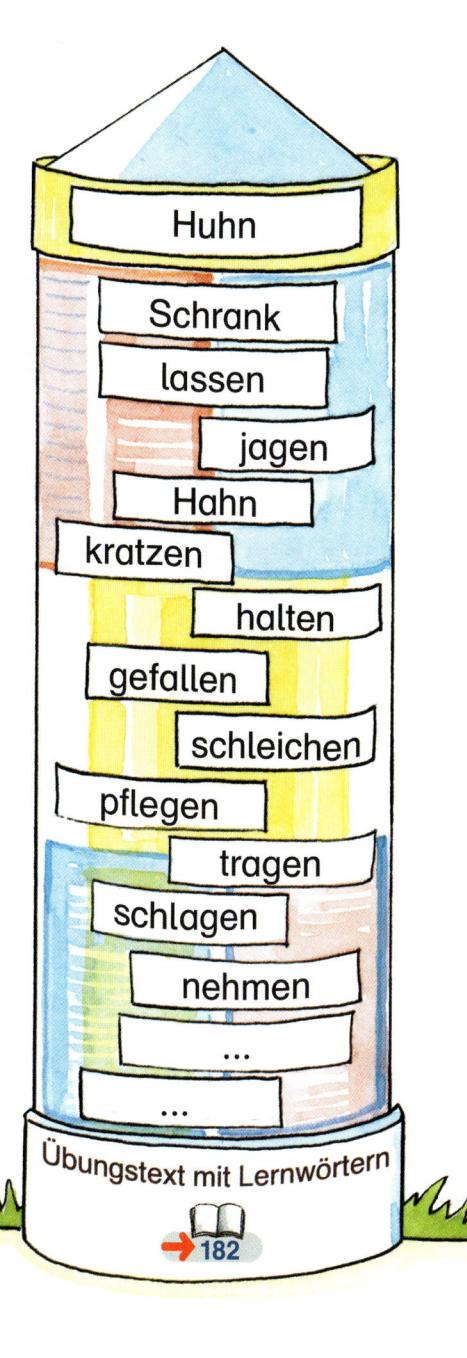

www.alles-im-kasten.de

Nichts für Papas

Lene will einen Krimi sehen.
„Krimis sind nichts für Kinder",
sagt Papa.
Lene muss ins Bett.
Sie kann nicht einschlafen.
Sie tappt durch den Flur.
Sie geht ins Wohnzimmer.
Papa schaut den Krimi
und merkt nichts.
Lene tippt auf Papas Schulter.
„Hilfe", schreit Papa.
„Hilfe! Räuber!"
Mama lacht.
„Krimis sind auch nichts
für Papas!", sagt sie.

Frauke Nahrgang

4 www.alles-im-kasten.de

Als die Bilder laufen lernten

1895 fand in Berlin die erste Filmaufführung der Welt statt.
Die ersten Filme dauerten nur wenige Minuten.
Sie versetzten die Zuschauerinnen und Zuschauer
in eine unglaubliche Aufregung.
5 Die französischen Brüder Lumière waren die Erfinder
und Hersteller der ersten Filme.
Das Prinzip des Films hat sich seitdem nicht geändert:
Die Bewegungen,
die wir im Film sehen,
10 sind in Wahrheit eine Täuschung.
Denn ein Film besteht aus lauter einzelnen Bildern,
die so schnell aufeinanderfolgen,
dass das Auge sie nicht mehr einzeln wahrnehmen kann.
Ein Bild „haftet noch im Auge",
15 während das nächste Bild schon folgt.
So verbinden sich die Bilder miteinander und wir nehmen
ein Dauerbild mit einer ständigen Bewegung wahr.
1902 entstand der erste Spielfilm.
Allerdings noch ohne Ton.
20 Bei diesen Stummfilmen gab es statt Sprache Untertitel
und Klavierbegleitung durch einen Pianisten,
der mit im Kinosaal saß.
Einige Jahre später liefen der Film und eine Art Tonband gemeinsam
auf demselben Streifen ab. Nun konnte man die Schauspielerinnen
25 und Schauspieler nicht nur sehen, sondern auch hören.

Christiane Isenbeck

❶ Beantworte die Fragen.
Schreibe die Antworten auf.
- Wo fand die erste Filmaufführung der Welt statt?
- Wie hießen die Erfinder und Hersteller der ersten Filme?
- Warum sind die Bewegungen im Film eine Täuschung?
- Was fehlte dem ersten Spielfilm?
- Welches Instrument begleitete die Stummfilme?

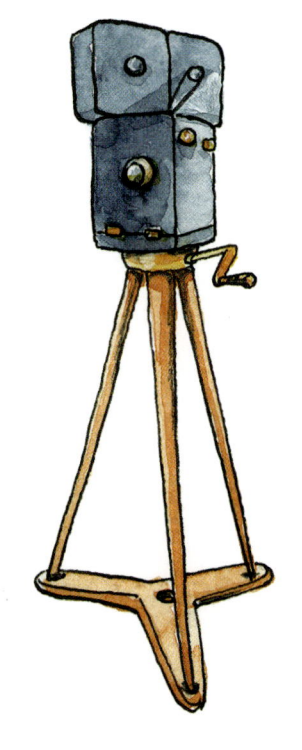

Wie entsteht ein Film?

Die Autorin oder der Autor
schreibt das Drehbuch.
Das Drehbuch ist die Vorlage
für den Regisseur,
5 der den Film daraus macht.

Wenn das Drehbuch fertig ist,
sucht der Regisseur
die passenden Orte aus,
an denen der Film gedreht wird.

10 Genauso wie die Drehorte
muss der Regisseur
auch die Schauspielerinnen
und Schauspieler finden,
die zum Drehbuch
15 und zum Film passen.

Für die Schauspielerinnen und
Schauspieler müssen passende Kleider
gefunden werden.
Die Maskenbildnerin schminkt
20 die Darstellerinnen und Darsteller.
Aber im Scheinwerferlicht soll
alles ganz natürlich aussehen.

Am Schneidetisch werden
die einzelnen Szenen ausgewählt
25 und zu einem fortlaufenden Film
zusammengestellt.
Bei Videobändern geht das heute
meist elektronisch mit dem Computer,
ohne dass wirklich „geschnitten" wird.

30 Der Ton entsteht manchmal erst
nach den eigentlichen Filmaufnahmen.
So gibt es Geräuschemacher,
die zum laufenden Bild täuschend echte
Geräusche erzeugen können: zum
35 Beispiel Donner mit großen Blechfolien.

Auch manche Stimmen werden
erst im Nachhinein auf die Tonspur
des Films oder auf das Videoband
gesprochen.

40 Viele Aufnahmen werden mithilfe
von Tricks gemacht.
Wenn es im Film regnet, kommt
das Wasser in Wirklichkeit oft
nur aus einem einfachen Garten-
45 schlauch.

An einem Film sind viele Leute beteiligt, die man gar nicht sieht:
Ein Regieassistent hält das Drehbuch griffbereit.
Der Kameramann filmt die Szenen mit der Filmkamera oder der Videokamera.
Ein Assistent zeigt mit dem Klappholz den Beginn der einzelnen Szenen an.
50 Der Regisseur leitet die gesamten Dreharbeiten
und bespricht mit den Schauspielerinnen und Schauspielern die Einsätze.
Die Maskenbildnerin steht mit Schminkkoffer und Kleidern bereit.
Der Tonmeister überprüft die Qualität des Aufnahmetons
und sein Assistent hält das Mikrofon an einem langen Galgen,
55 damit man es im Film nicht sieht.

Herbert Günther

Woraus besteht ein Computer?

Auf der Festplatte
sind alle wichtigen Programme und Daten
eines Computers gespeichert.
Wenn man ein Programm öffnet,
5 lädt der Computer die Daten,
die er zum Arbeiten braucht,
in seinen Arbeitsspeicher.
Der Bildschirm wird auch
Monitor genannt.
10 Die Soundkarte und die Lautsprecher
sorgen dafür, dass Töne
übertragen werden.
Mit der Tastatur und der Maus
können Buchstaben,
15 Zahlen und Befehle
eingegeben werden.
Mit dem Drucker werden
Texte und Bilder ausgedruckt.
Um Daten auf einer CD lesen
20 und speichern zu können,
muss der PC ein CD-ROM-Laufwerk
und einen CD-Brenner haben.
Auch auf einem Memory-Stick
können Daten gespeichert werden.
25 Der Memory-Stick wird über einen
USB-Anschluss mit dem PC verbunden.
Um im Internet surfen zu können, muss der PC über
ein Modem mit der Telefonleitung verbunden sein.
Für kabelloses Surfen muss das Modem zusätzlich
30 mit einem WLAN-Router verbunden sein.

Christiane Isenbeck

❶ Stellt euch gegenseitig Fragen zum Text. 14/15

❷ Findet die Computer-Fachbegriffe und schreibt sie auf.

❸ Wählt einige Computer-Fachbegriffe aus.
Gestaltet ein Computer-Plakat mit Erklärungen und Bildern. 52/53

Einkauf per Computer

Tom möchte ein neues Fahrrad haben. Sein altes ist kaputt. Mutter hat vorgeschlagen, ein gebrauchtes im Internet zu kaufen. Tom ist einverstanden. Er geht an den Computer und schaut ins Internet. Er findet viele Angebote von gebrauchten gut erhaltenen Fahrrädern. Er sucht ein schönes Fahrrad aus
5 und will seiner Mutter das Angebot zeigen. Seine Mutter ist in Eile. Sie muss weg. Sie schaut schnell auf das Fahrrad auf dem Bildschirm und auf den Preis. Sie sagt: „Ja, dieses Fahrrad können wir nehmen." Tom klickt und klickt. Er ruft: „Mama, ich brauche die Nummer von deiner Kreditkarte, sonst geht das hier nicht."
Die Mutter gibt sie ihm schnell und verlässt das Haus. Tom sucht weiter. Er findet
10 noch andere Fahrräder, die ihm gefallen. Warum sollte er sich die nicht ansehen? Tom weiß, wie man bestellt, und er klickt und klickt und klickt … Er denkt sich, wenn die Fahrräder zur Auswahl kommen, werde ich mich für das beste entscheiden. In der nächsten Woche, am Montag, klingelt es. Vor der Tür steht der Lieferservice: mit einem Fahrrad. Tom ist begeistert. Auch seine Mutter ist zufrieden.
15 Doch am nächsten Tag, am Dienstag, klingelt es wieder. Vor der Tür steht der Lieferservice: mit einem Fahrrad. Die Mutter erschrickt. Sie wollten doch nur ein Fahrrad. Aber bestellt ist bestellt und gekauft ist gekauft.
Und auch am nächsten Tag, am Mittwoch, klingelt es. Vor der Tür steht wieder der Lieferservice: mit einem Fahrrad. Und am Donnerstag auch und am Freitag auch.
20 Die Mutter von Tom ist entsetzt. Fünf Fahrräder stehen da. Alle Fahrräder sind bezahlt. Tom ist es peinlich. Er wollte die Fahrräder doch nur ansehen und sich dann das beste aussuchen. Er wusste nicht, dass er sie sofort gekauft hatte. Zuerst schimpft seine Mutter. Doch dann sagt sie: „Ich bin wohl auch daran schuld. Ich hatte es so eilig und habe dir nicht erklärt, wie man Dinge im Internet bestellt."
25 Toms Mutter ruft die Leute an, die ein Fahrrad verkauft und geschickt haben. Drei Fahrräder können sie zurückgeben. Ein Fahrrad bieten sie selbst wieder zum Verkauf an. Ein Fahrrad darf Tom behalten.

Erika Altenburg

❶ Sprecht über das Problem von Tom und seiner Mutter.

❷ Beantworte die Fragen:
- Was hat Tom falsch gemacht?
- Was hätte Toms Mutter beachten müssen?
- Woran muss man denken, wenn man etwas im Internet kaufen möchte?

Merchandising

„Guck mal, ich habe einen neuen Fahrradhelm!", ruft Jasper seinem Freund Tom zu und zeigt ihm stolz seinen brandneuen Helm mit Bildern von *Dark-Shark* drauf.

5 „Ooh, supercool!", sagt Tom und schaut sich dabei begeistert die Haifische auf dem Helm an. „Den Helm habe ich gestern mit meiner Mutter gekauft. Allerdings musste ich einiges von meinem Taschengeld dazugeben.
10 Meine Mutter hat nämlich gemeint, dass ein Helm mit Bildern von *Dark-Shark* viel zu teuer ist im Vergleich zu einem normalen Helm, der genauso gut ist, dafür aber viel weniger Geld kostet. Aber ich wollte unbedingt den Helm von meiner Lieblingsfernsehserie *Dark-Shark*", erklärt Jasper seinem Freund.

15 Tom kann das gut verstehen. Er hätte auch gerne noch mehr Sachen von *Dark-Shark*. Jasper zählt auf, was er nun schon alles von *Dark-Shark* hat:
„Jetzt habe ich einen Schulranzen, einen Turnbeutel, einen Wecker, eine Zahnbürste, einen Schlüsselanhänger, drei T-Shirts, eine Jacke, einen Fußball, fünf Bleistifte, einen Anspitzer und diesen Helm.
20 Und den Jogginganzug von *Dark-Shark* wünsche ich mir zum Geburtstag von meinen Großeltern."

Sofia, die alles mit angehört hat, kann Jasper nicht verstehen
und verzieht das Gesicht: „Jasper, du schmeißt dein Taschengeld echt
zum Fenster raus. Die Sachen von *Dark-Shark* sind doch viel teurer als andere
25 Sachen und das nur, weil ein paar Haifische darauf abgedruckt sind."
„Ich will aber die Sachen von *Dark-Shark*", entgegnet Jasper trotzig.

Jasper kennt *Dark-Shark* aus dem Fernsehen. Jeden Nachmittag guckt er sich
die Zeichentrickserie mit den Haifischen im Fernsehen an. Meistens
mit Tom zusammen, der die Serie *„Dark-Shark"* auch toll findet.
30 Viele Kinder aus Jaspers Klasse gucken diese Serie.
Gestern Nachmittag haben Jasper und Tom sich im *Dark-Shark-Club* angemeldet.
Dazu brauchten sie auf der Internetseite von *Dark-Shark* nur eine Anmeldung
auszufüllen und nun bekommen sie das Sammelalbum gratis sowie jede Woche
das Club-Magazin zugeschickt.

35 In das Sammelalbum können sie ihre gesammelten *Dark-Shark*-Karten einkleben.
Die *Dark-Shark-Karten* zum Sammeln kaufen Jasper und Tom sich
von ihrem Taschengeld am Kiosk, fünf Stück für zwei Euro. Leider weiß man nie,
welche Karten in der Packung sind, sodass Jasper schon viele Karten doppelt hat.
Deswegen tauscht er in der Pause seine Karten mit anderen Kindern.

40 Aber seltsamerweise hat Roman letzte Pause gefragt, warum Jasper denn noch
Karten von *Dark-Shark* hätte, die seien doch out und nur was für kleine Kinder.
Er und seine Freunde sammelten jetzt die Karten und
alle Sachen von *Spider-Power*, die wären jetzt in.

Christiane Isenbeck

❶ Überlegt euch Gründe, warum Jasper alles von *Dark-Shark* haben will.

❷ Was denkt Sofia darüber?

❸ Wie geht es weiter? Stellt Vermutungen an.

❹ Sammelst du auch etwas? Berichte darüber.
Wie viel Geld gibst du dafür im Monat aus?

Texte verstehen

Angriff der Viren

Nein, André durfte nicht an Papas Computer. André durfte nicht einmal das Zimmer betreten, in dem er stand. Es war nämlich Papas Arbeitszimmer.
Dort lagen viele wichtige Papiere herum.
Mindestens zweimal pro Woche bemühte Papa sich, streng auszusehen. Dann
5 rückte er seine Brille zurecht, kniff die Augen zusammen und hob den Zeigefinger.
„Mein Arbeitszimmer ist kein Spielzimmer, André! Merk dir das!"
Vielleicht zog der Computer André deshalb so magisch an. Es war, als würde er aus dem Arbeitszimmer rufen: „He, André! Komm, schalte mich ein!"
Seit Monaten hielt André stand. Dabei träumte er schon lange davon,
10 das berühmte Raketenspiel zu spielen. Sein Freund Tim hatte ihm
eine Kopie des Spiels geschenkt. Eine echte Raubkopie!
Das war, bevor André diese blöde Grippe bekam. Die Klassenkameraden besuchten ihn nicht. Sie hatten Angst sich anzustecken. André litt nämlich an einem ganz gemeinen Virus.
15 Heute Nachmittag war Papa zu einem wichtigen Termin weg.
André war allein zu Hause. Diesmal konnte er nicht widerstehen. Schon saß er auf Papas schwarzem Bürostuhl und schob das Raketenspiel in den Diskettenschlitz.
Aber vor lauter Aufregung fiel ihm nicht mehr ein,
20 wie man das Spiel startete.

So prüfen wir, ob wir einen Text verstanden haben:

1. Lies den Text.

2. Überlege, was du erfahren hast.

3. Überlege, wie der Text weitergehen könnte.

Wir vermuten, wie ein Text weitergeht

Er drückte „F12" und „Enter", doch es half nichts. „Fehler" stand auf dem Bildschirm. „Fehler. Fehler. Fehler." André begann zu schwitzen.
Wahllos drückte er ein paar Tasten. Der Drucker sprang an und spuckte endlose Zahlenkolonnen aus.

25 Da knallte unten die Haustür. Das war Papa! Blitzschnell schaltete André den Computer aus und steckte das Raketenspiel ein. Dann rannte er in sein Zimmer und hechtete ins Bett. Mist! Der Drucker! Das ganze Papier! Papa würde sofort merken, dass jemand an seinem Computer herumgepfuscht hatte.
Kurz bevor Papa sein Arbeitszimmer betrat, huschte André durch den Flur.

30 Unterm Schlafanzug zweiundfünfzig bedruckte Seiten. Wohin damit?
Am besten alles unters Kopfkissen. André schwor sich, nie, nie wieder heimlich an Papas Computer zu spielen. Eine Stunde später kam Papa schniefend ins Zimmer …

Klaus-Peter Wolf

Wir können uns auch einen Buchtitel nehmen und uns ausdenken, was im Buch erzählt wird.

Gute Idee! Das ist interessant.

4 Vergleicht eure Ergebnisse.
Prüft, ob eure Ergebnisse stimmen können.
Zeigt dazu die passenden Textstellen.

5 Lest den restlichen Text.
Vergleicht mit euren Vermutungen.
Was stimmt überein, was ist anders? → 215

Texte schreiben

Warum Löwenzahn meine Lieblingssendung ist:
Bei Fritz Fuchs kann man viel entdecken und lernen. Manchmal ist er auch sehr lustig und man kann etwas, was schön ist, nachbasteln. Mehr fällt mir nicht ein. Er geht in echte Theater und guckt hinter die Kulissen. Man kann sogar gucken, ob die Sachen echt sind oder unecht.   Flo

Warum Löwenzahn meine Lieblingssendung ist:
Da lernt man viel über die Natur. Über Pflanzen und Tiere. Und es ist lustig. Man lernt auch viel über früer. Fritz Fuchs hat auch sehr viele Ideen.   Flipp

Ich habe gemerkt, dass in deinem Text ein Satz überflüssig ist.

Flipp, du musst die Rechtschreibung prüfen.

So überarbeiten wir unsere Texte:

1. Lest euch eure Texte gegenseitig vor und sprecht über jeden Text:
- Was erfährt man aus dem Text?
- Was kann man sich besonders gut vorstellen?

2. Lest jeden Text noch einmal vor. Überlegt gemeinsam:
- Ist der Text verständlich?
- Muss der Text überarbeitet werden?

Entscheidet gemeinsam, wenn ein Satz korrigiert oder wenn etwas ergänzt werden muss.

Wir überarbeiten unsere Texte

Wir machen aus unseren Texten ein Buch!

Wenn ein Text veröffentlicht wird, muss die Rechtschreibung richtig sein. Das hilft den anderen Kindern beim Lesen.

Am Computer kann ich viel leichter Wörter löschen, Sätze umstellen und Rechtschreibfehler korrigieren.
Vorsicht! Auch ein Rechtschreibprogramm erkennt nicht alle Fehler!

3 Stellt eure Texte der Gruppe vor.
Jedes Kind bekommt gesagt, was an seinem Text besonders gelungen ist.
Wählt einen Text aus, der der ganzen Klasse vorgestellt wird.
Begründet eure Entscheidung.

4 Korrigiert gemeinsam die Rechtschreibung zweier Texte:
- Welche Wörter müssen korrigiert werden?
- Welche Satzzeichen fehlen?

Begriffe und Piktogramme

Im Computerbereich bekommen einige Wörter eine andere Bedeutung.

❶ Lege so eine Tabelle an.

Begriff	Alltagssprache	Computersprache
löschen	– einen Brand löschen – seinen Durst löschen	– Daten, Texte, Bilder oder Ähnliches von der Festplatte eines Rechners entfernen

Schreibe auf, was die Wörter bedeuten.

herunterfahren   ausschneiden   abstürzen

Fenster   surfen   Virus

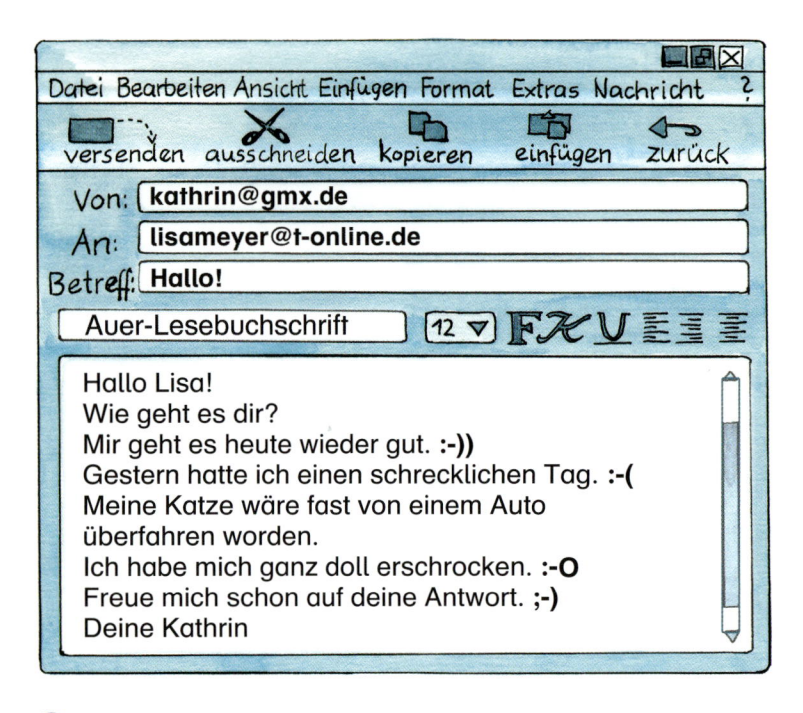

❷ Was bedeuten die **fett gedruckten** Zeichen?

❸ Welche Zeichen kennst du noch?
Probiere mit dem Computer.

Wusstest du, dass diese Zeichen in E-Mails *Emoticons* genannt werden und Gefühle darstellen?

Nein. Aber dafür weiß ich, dass *emotion* Gefühl und *icon* Symbol heißt.

Wörter verlängern und ableiten

> Sag mal, schreibt man Gans eigentlich mit s oder mit z?

> Du musst das Wort verlängern, dann hörst du es: eine Gans – viele Gänse.

eine Gan☐   ein We☐
ein Gla☐   ein Zu☐
eine Mau☐   eine Bur☐
ein Hal☐   ein Schran☐
ein Krei☐   ein Geschen☐
ein Klei☐   ein Geschäf☐
ein Pfer☐   ein Ra☐

❶ Verlängere die Nomen. Schreibe so: *eine Gans – viele Gänse* → 198

❷ Zu welchem Bild fehlt das Wort? Ergänze.

schlan☐: die _____ Frau   fleißi☐: die _____ Biene
klu☐:   der _____ Hund   en☐:   die _____ Straße

❸ Verlängere die Adjektive: *run**d**: der runde Ball*

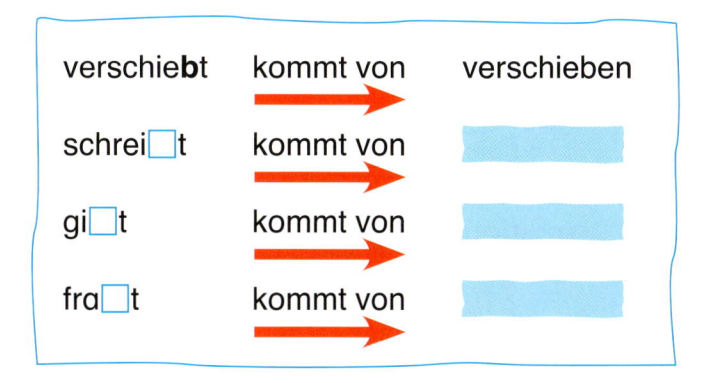

verschie**b**t	kommt von	verschieben
schrei☐t	kommt von	_____
gi☐t	kommt von	_____
fra☐t	kommt von	_____

❹ Leite die Verbform von der Grundform ab. Schreibe in eine Tabelle.

Richtig schreiben – sicher schreiben

Kontrollieren und korrigieren

→ 188

Glück gehabt
Eben noch hatte Lena bei der Ärztin gesessen und sich ihren rechten Arm eingipsen lassen. Sie war am Nachmittag beim Fahrradfahren gestürzt und hatte sich dabei den Arm gebrochen.
Nun sitzt sie bereits vor ihrem Computer und freut sich darüber, dass sie ihre Hausaufgaben am Rechner schreiben darf. Lena schreibt nämlich nicht gerne mit dem Füller. Aufgeregt beginnt Lena zu tippen …

Glück gehabt
Eben noch hatte Lena bei der Erztin gesessen und sich ihren rechten Arm eingibsen lassen. Sie war am Nachmittag beim Faratfahren gestürzt und hatte sich dabei den Arm gebrochen.
Nun sitzt sie bereits vor ihrem Computer und freut sich darüber, dass sie ihre Hausaufgaben am Rechner schreiben darf. Lena schreibt nämlich nicht gerne mit dem Füler. Aufgeregt beginnt Lena zu tipen…

❶ Vergleiche den abgeschriebenen Text mit der Vorlage.

❷ Welche Wörter sind falsch geschrieben?
Schreibe diese Wörter richtig auf.

Jonas und die Maus
Annika sitzt in ihrem Zimer und liest.
Da kommt ihr kleiner bruder Jonas herein und get zum Computer.
In der Hant hält er ein großes Stück Kese.
„Was wilst du denn mit dem Kese machen?", frakt Annika neugierig.
„Na, ich will die Maus fütern", antwortet Jonas.

❸ Kontrolliere diese Wörter durch Nachdenken oder Nachschlagen.

❹ Schreibe die falschen Wörter richtig auf.

→ 189

Lernwörter-Training

Übe die Lernwörter so:

1 **2** **3**

4 Ordne die Lernwörter nach dem Abc.

5 Suche dir Lernwörter aus.
Schreibe Fragesätze.

6 Bilde die Mehrzahl der Nomen.
der Film – die Filme

Wörterräder

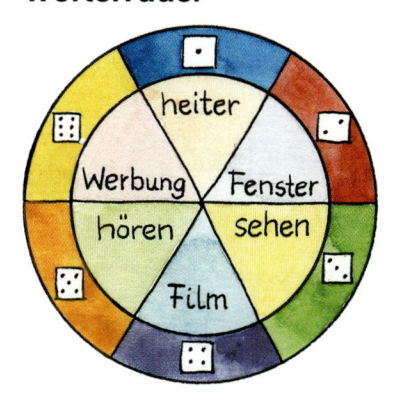

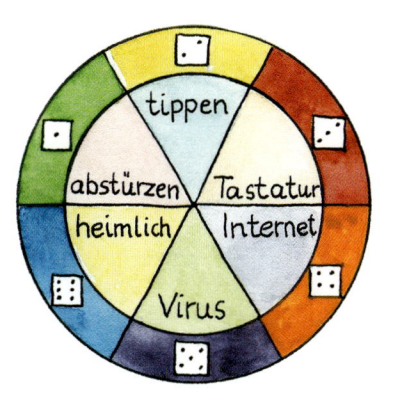

7 Würfle mit zwei Würfeln.
Suche aus jedem Rad das Wort
zur jeweiligen Zahl.
Bilde mit beiden Wörtern einen Satz.

8
> Der Computer hat einen Virus.
> Ich surfe gerne im Internet.
> Mit der Tastatur tippe ich den Text.
> Ich höre den Drucker drucken.
> Ich sehe Werbung im Fernsehen.

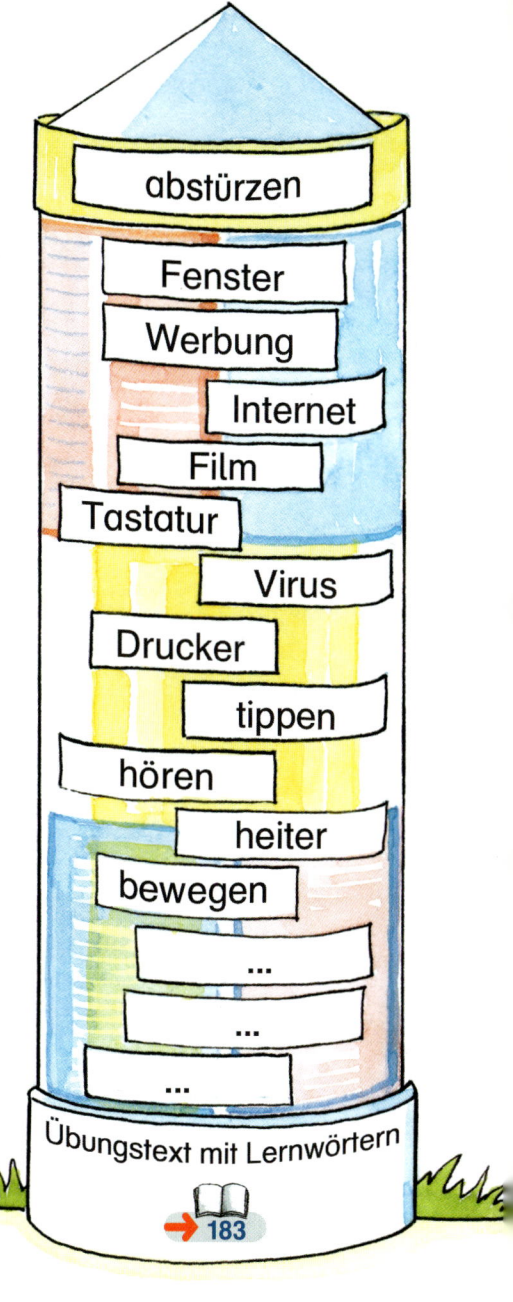

abstürzen
Fenster
Werbung
Internet
Film
Tastatur
Virus
Drucker
tippen
hören
heiter
bewegen
...
...
...

Übungstext mit Lernwörtern
→ 183

Es war einmal – es war keinmal

Zauberhaft

Splosch!
Eine Prinzessin
küsste einen Frosch.
Da wurde er sogleich
ein Jüngling, schön und reich.
Der Jüngling fand sich selbst so schön,
er wollte sich immer im Spiegel ansehn.
Sie küsste ihn noch einmal.
Splosch!
Da wurde er wieder
ein Frosch.

Georg Bydlinski

Zaubersprüche

Spinnen, Mäuse, Birnenkern,
Schlangengift, Rhabarbermus,
Petersilie mag ich gern,
Hühnerscheiße unterm Fuß,
wer mich ärgert, Katzendreck,
wird verzaubert und ist weg.

Jutta Richter

Die Königin von Uelzen

Die Königin von Uelzen,
die ist so winzig klein.
Sie passt in unsern Büchern
in ein einziges Wort hinein.

Sie wohnt auf einem Hügel,
dort steht ein kleines Schloss.
Das Reich, das sie regiert,
ist daumennagelgroß.

Der Königin von Uelzen
sind Glück und Lachen fremd,
denn sie hat einem Riesen
ihr kleines Herz geschenkt.

Sie sitzt auf ihrem Hügel
in ihrem kleinen Schloss
und kann nicht zu ihm kommen.
Der Riese ist zu groß.

Ihr Seufzen und ihr Sehnen,
das hat er nie gehört,
obwohl sie jede Stunde
ihm Treu und Liebe schwört.

Und möchte sie ihn sehen,
so muss er ferne sein.
Denn nur in großer Ferne
ist auch ein Riese klein.

Jutta Richter

5 Es war einmal – es war keinmal

Die Bremer Stadtmusikanten

Ein Esel, schwach und hochbetagt,
ein Hund, von Atemnot geplagt,
ein Katzentier mit stumpfem Zahn
und ein dem Topf entwichner Hahn,
5 die trafen sich von ungefähr
und rieten hin und rieten her,
was sie wohl unternähmen,
dass sie zu Nahrung kämen.

„Ich, Esel, kann die Laute schlagen:
10 Ja plonga plonga plomm."

„Ich, Hund, will's mit der Pauke wagen:
Rabau, rabau, rabomm."

„Ich, Katze, kann den Bogen führen:
Miau, miau, mihie."

15 „Ich, Hahn, will mit Gesang mich rühren:
Koküriküriкie."

So kamen sie denn überein,
sie wollten Musikanten sein
20 und könnten's wohl auf Erden
zuerst in Bremen werden.

**Ja plonga plonga plomm.
Rabau rabau rabomm.
Miau miau mihie.
25 Koküriküriкie.**

Die Sonne sank, der Wind ging kalt.
Sie zogen durch den dunklen Wald.
Da fanden sie ein Räuberhaus.
Das Licht schien in die Nacht hinaus.

30 Der Esel, der durchs Fenster sah,
wusst' anfangs nicht, wie ihm geschah:
„Ihr Kinder und ihr Leute,
was winkt uns da für Beute!"

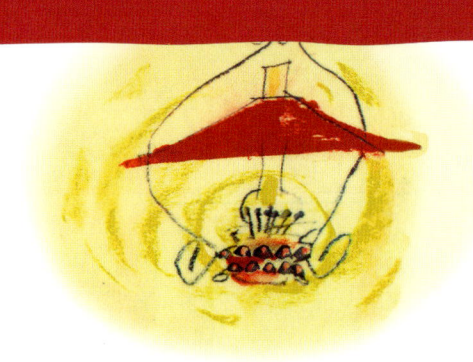

Den Fuß er leis ans Fenster stellte,
35 ja plonga plonga plomm,
der Hund auf seinen Rücken schnellte,
rabau, rabau, rabomm,

und auf den Hund die Katze wieder,
miau, miau, mihie,
40 zuoberst ließ der Hahn sich nieder,
koküriküriкie.

Das Räubervolk zu Tische saß,
man schrie und lachte, trank und aß.
Und plötzlich brach durchs Fenster
45 der Sturm der Nachtgespenster:

**Ja plonga plonga plomm.
Rabau rabau rabomm.
Miau miau mihie.
Koküriküriкie.**

50 So grässlich waren Bild und Ton,
dass die Kumpane jäh entflohn.
Statt ihrer schmausten nun die vier,
bezogen dann ihr Schlafquartier.
Ein Räuber doch mit schiefem Blick
55 schlich mitternachts ins Haus zurück,
um heimlich zu ergründen,
wie denn die Dinge stünden.

Mit eins war sein Gesicht zerrissen,
miau, miau, mihie,
60 sein linkes Bein mit eins zerbissen,
rabau, rabau, rabomm,
sein Leib getroffen von den Hufen,
ja plonga plonga plomm,
sein Herz erschreckt von wilden Rufen,
65 kokürikürikie.

Er lief und lief durchs Dickicht quer,
als käm' der Teufel hinterher.
Da gab es bei den Tieren
ein großes Jubilieren:

70 **Ja plonga plonga plomm.
Rabau rabau rabomm.
Miau miau mihie.
Kokürikürikie.**

Manfred Hausmann

❶ Welche Wörter oder Redewendungen
sind schwer zu verstehen?
Überlegt, was sie bedeuten könnten.

❷ Übt den Gedichtvortrag.
Tragt das Gedicht vor.

❸ Findet ihr Musikinstrumente oder Geräusche,
die zu den Tieren passen?
Gestaltet den Vortrag.

Reynaldo K'akachi
Die Bremer Stadtmusikanten

Froschkönig

ES WAR EINMAL EIN KÖNIG...

...DESSEN TÖCHTER WAREN ALLE SCHÖN, ABER DIE JÜNGSTE WAR DIE ALLERSCHÖNSTE.

Wenn es draussen heiss war, ging sie am liebsten an den kühlen Brunnen, um dort mit ihrer goldenen Kugel zu spielen.

DOCH EINES TAGES...

NEIN!

PLATSCH!

SCHLUCHZ!

QUAK, WAS GIBST DU MIR, WENN ICH DIE KUGEL HERAUFHOLE?

ALLES, WAS DU WILLST! PERLEN, EDELSTEINE, MEINE GOLDENE KRONE...

QUAK! DAS ALLES MAG ICH NICHT! ICH MÖCHTE DEIN FREUND SEIN! ICH WILL AN DEINEM TISCH SITZEN, VON DEINEM TELLER ESSEN, AUS DEINEM BECHER TRINKEN UND IN DEINEM BETT SCHLAFEN!

ICH VER- SPRECHE ALLES!

QUAK, QUAK,
NIMM MICH MIT!
QUAK, QUAK!

PENG! PENG!

WER RUFT DA NACH DIR?

KLOPF, KLOPF!
KÖNIGS-
TOCHTER,
JÜNGSTE,
MACH
MIR AUF!

DAS IST DIESER GRÄSSLICHE FROSCH, DER MEINE GOLDENE KUGEL WIEDER AUS DEM BRUNNEN GEHOLT HAT. ICH HABE IHM VERSPROCHEN, DASS ER MEIN FREUND SEIN DARF, ABER ICH HABE NICHT GEDACHT, DASS ER ES ERNST MEINT.

WAS DU VERSPROCHEN HAST, MUSST DU AUCH HALTEN!

QUAK! LASS MICH REIN!

QUAK, QUAK!

HEB MICH HINAUF! QUAK!

LASS MICH VON DEINEM TELLERCHEN ESSEN! QUAK!

ICH BIN MÜDE – BRING MICH IN DEIN BETT! QUAK! QUAK!

❶ **Schreibe das Märchen aus der Sicht der Prinzessin oder aus der Sicht des Frosches.**

Prinzessin:
Mir war es langweilig. Deshalb nahm ich meine goldene Kugel und spielte damit im Garten…

Frosch:
Gemütlich saß ich in meinem kühlen Brunnen und döste so vor mich hin. Da machte es plötzlich „platsch" und …

Ich pfeife auf den Königssohn

Dornröschen war ein schönes Kind
und schlief einhundert Jahre.
Schneewittchen biss vom Apfel ab
und lag tot auf der Bahre.
Und wie das so im Märchen ist,
hat sie ein Prinz dann wachgeküsst.

Ich pfeife auf den Königssohn,
ich schlafe nicht, ich lebe schon.
Und wer's nicht glaubt, der sollte gehn,
der wird mich nie verstehn.

Ein Mädchen sollte Strümpfe stopfen,
kochen, backen, sticken.
Sie sollte hübsch und artig sein
und einen Mann entzücken.
Und wie das so im Leben ist,
man wartet und wird wachgeküsst.

Ich pfeife auf den Königssohn,
ich schlafe nicht, ich lebe schon.
Und wer's nicht glaubt, der sollte gehn,
der wird mich nie verstehn.

Du, meine Tochter, glaube nicht,
was solche Märchen sagen.
Sieh dort im Spiegel dein Gesicht,
du musst das Leben wagen.
Geh tapfer vor und nie zurück,
vertraue dir und deinem Glück.

Und pfeife auf den Königssohn
und schlafe nicht, du lebst ja schon!
Wer das nicht glaubt, den lasse gehn,
der wird dich nie verstehn.

                        Jutta Richter

❶ Die Autorin Jutta Richter hat dieses Gedicht für ihre Tochter Lena geschrieben. Kannst du dir denken, was ihr dabei am Herzen lag?

Das Nudelmärchen

Es waren einmal zwei Schwestern. Die eine, die kleinere von beiden,
aß schrecklich gern Nudeln und die andere konnte Nudeln nicht ausstehen.
Die beiden gerieten sich oft in die Haare, weil sie sich nicht einigen konnten,
was sie kochen sollten. Um nicht dauernd streiten zu müssen,
5 kochte sich die Schwester, die Nudeln so liebte, manchmal heimlich ihre Nudeln.

Eines Tages saß sie wieder traurig und allein draußen am Brunnen
und aß unbeobachtet ihre Nudeln. Und wie sie so aß,
fiel ihr eine Nudel in die Tiefe.
Das Mädchen stieg in den Brunnen hinab,
10 um seine Nudel zu holen.
Unten öffnete sich der Brunnen
zu einer großen, großen Blumenwiese.
Weil das Mädchen seine Nudel nicht gleich fand,
lief es über die Wiese, um dort zu suchen.
15 Es kam an einen Backofen.

„Zieh uns heraus!", rief das Brot aus dem Ofen.
„Wir sind schon lange gar." Das Mädchen zog behänd
alle Brote heraus, lief weiter und stand bald vor einem Apfelbaum.
„Rüttel mich und schüttel mich! Wir sind schon lange reif!", rief es
20 aus dem Baum. Während das Mädchen die Äpfel vom Baum schüttelte,
dachte es an den leckeren Nudelauflauf, den man mit den Äpfeln
zubereiten könnte. Doch jetzt galt es erst einmal, die verlorene Nudel zu finden.

Das Mädchen kam an ein Haus. Dort schaute eine alte Frau zum Fenster heraus.
Die Frau hatte eine wahrlich hässliche Kartoffelnase.
25 „Haben Sie vielleicht meine Nudel gesehen?", fragte das Mädchen.
„Willst du dich bei mir nützlich machen?", fragte die alte Frau zurück.
Und weil das Mädchen sehr fleißig war, ging es gleich an die Arbeit.
Es schüttelte die Betten und die Kissen, dass die Federn nur so flogen
und als Sternchennudeln auf die Erde schneiten.

30 Nachdem das Mädchen so fleißig gearbeitet hatte, führte die alte Frau es zu einem
großen Tor. Hier ließ die Frau es regnen und das Mädchen wurde mit Nudeln aus
purem Gold und Silber überschüttet und kam reich und glücklich nach Hause.

Als nun die andere hörte, wie es ihrer Schwester ergangen war,
wollte sie natürlich auch gerne reich werden. Genau wie ihre kleine Schwester.
35 Also aß sie missmutig einen ganzen Topf voller Nudeln, warf siebeneinhalb Pakete
ungekochter Nudeln in den Brunnen und stieg hinab.
Unten öffnete sich der Brunnen zu einer großen Nudelwiese
und schon bald kam sie an einen Kochtopf.

„Gieß uns ab! Gieß uns ab!", riefen die Nudeln.
40 „Wir sind schon lange al dente!"
„Wo käme ich denn da hin? Ich bin doch keine Köchin!",
antwortete das Mädchen und lief weiter.
Es kam an einen Nudelbaum.

„Rüttel mich und schüttel mich, meine Nudeln
45 sind schon lange reif!", rief der Baum.
„Wo käme ich denn da hin!", antwortete das Mädchen.
Es könnte mir ja eine Nudel auf meine Nudel fallen."
Und das Mädchen beeilte sich weiterzukommen.
Es kam an ein Haus, aus dem eine alte Frau
50 mit einer wunderschönen Nudelnase herausnudelte.

„Haben Sie vielleicht meine Nudel genudelt?",
fragte das Nudelchen.
„Sag, willst du dich nicht bei mir nützlich nudeln?",
fragte die alte Nudel zurück.

55 Natürlich machte sich das Nudelchen gleich an die Nudel,
weil es doch auch so genudelt werden wollte
wie seine kleine Nudel.
Aber schon nach ein paar Nudeln war es vorbei
mit seinem Nudel und das Nudelchen
60 wurde immer nudeliger.

Da nahm die alte Nudel das Nudelchen
an der Nudel und nudelte es zu einer
großen Nudel. Hier ließ sie es nudeln,
dass es nur so nudelte und das
65 Nudelchen musste völlig benudelt
nach Hause nudeln.
Und wenn es nicht genudelt ist,
dann nudelt es noch heute.
               KNISTER

❶ Warum nennt KNISTER diese Geschichte ein Märchen?

❷ Übe den Lesevortrag von Zeile 55 bis 68.

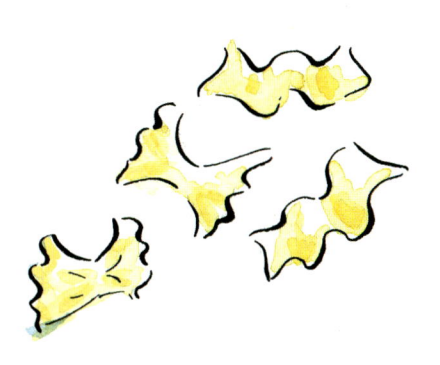

Texte verstehen

Der Löwe und der Hase

Der Hase war einmal des Löwen Knecht und was der Löwe sagte,
musste der Hase tun. „Geh hierhin, geh dorthin, beeil dich!",
hieß es vom Morgen bis zum Abend.
Der arme Hase wusste bald nicht mehr, was links und rechts war.
5 Und eines Tages geschah es. Er vergaß, warum ihn der Löwe
in die Stadt geschickt hatte. In seiner Angst vor dem Herrn
kehrte der Knecht lieber gar nicht erst zurück.
Der Löwe wartete. Er wurde wütend und schickte Soldaten aus.
Die fingen den Hasen und schleppten ihn vor den Löwen.
10 „Wo hast du dich herumgetrieben?", herrschte er den Hasen an.
„Ich traf einen anderen Löwen. Der war noch stärker als du
und hielt mich fest und zwang mich in seinen Dienst ..."

„Du lügst. Wo ist dieser Löwe?" „Na, da und da."
„Los, gehen wir zu ihm!" Der Löwe brach auf und der Hase musste mit.
15 Er lief um sein Leben. Lief und lief. Bis sie zu einer Wasserstelle kamen.
„Dort ist sein Haus. Dort wohnt er." Der Hase zeigte auf den Brunnen.
Der Löwe ging und schaute hinein. „He, du!", brüllte er,
als er sein Ebenbild erblickte, stürzte sich
auf den Löwen im Wasser und – ertrank.

Afrikanisches Märchen

So prüfen wir, ob wir einen Text verstanden haben:

1. Lies den Text.
2. Gestaltet einen Comic.
   Entscheidet, wie viele Szenen es werden sollen.
   Zeichnet entsprechend viele Bildkästchen und notiert euch Stichwörter dazu.

Wir gestalten einen Comic

Tipps:

- ☁ = denken
- 💬 = sprechen
- 💥 = schreien
- ♥♥ = verliebt sein
- ✦✦ = es tut weh
- 💡 = plötzliche Idee
- !? = Schreck, Überraschung

KURZ DARAUF...

UND WENN SIE NICHT GESTORBEN SIND, DANN LEBEN SIE NOCH HEUTE.

Für Erklärungen und Übergänge verwende ich oft am oberen oder unteren Rand ein Erzählkästchen.

So wie hier!

3 Verabredet, wer welches Bild zeichnet.
Zeichnet die Comicszenen. Gestaltet die Figuren möglichst einfach.
Setzt in jedes Comicbild Sprech- oder Denktexte und verwendet
an passenden Stellen Geräuschwörter.
Wenn Erklärungen notwendig sind, macht diese kurz.
Schreibt sie an den oberen oder unteren Rand des Bildes.

4 Vergleicht eure Comicdarstellung mit der Geschichte.

Sprechen und zuhören

Bremer Stadtmusikanten
(B-Mannschaft)

So erzählen wir:

1. Alle Kinder sitzen im Kreis.
   Ein Kind hält einen Erzählstein oder eine Figur in der Hand.
   Dieses Kind fängt an zu erzählen.

2. Dann bekommt das nächste Kind den Stein.
   Es hat genau zugehört und erzählt passend weiter.
   Das Kind kann ganz kurz erzählen oder den Stein weitergeben,
   wenn es nicht erzählen möchte.

Wir erzählen eine Reihumgeschichte

Wichtig ist, dass man gut zuhört, was vorher erzählt wird.

Man kann eine Reihumgeschichte auch aufnehmen.

3 Der Stein wird wieder weitergegeben an das nächste Kind, bis alle Kinder etwas erzählt haben und die Geschichte ein Ende hat.

Satzglieder

| MEINE | OMA | KENNT | VIELE | ALTE | MÄRCHEN | . |

❶ Schreibe jedes Wort und den Punkt einzeln auf eine Wortkarte.
Benutze nur Großbuchstaben.

❷ Bilde möglichst viele Sätze mit den Wörtern. Lege zuerst – schreibe dann.

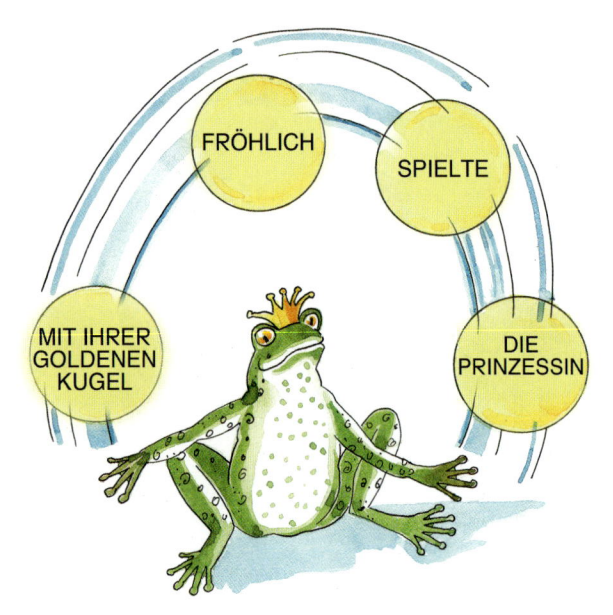

FRÖHLICH   SPIELTE   MIT IHRER GOLDENEN KUGEL   DIE PRINZESSIN

❸ Bilde möglichst viele verschiedene Sätze. Schreibe sie auf.

❹ Kreise die Wörter ein, die zusammenbleiben.

> Wörter, die beim Umstellen immer zusammenbleiben, nennt man **Satzglieder**.

| Rotkäppchen | brachte | der Großmutter | Kuchen und Wein | . |

| das fleißige Mädchen | holte | die fertigen Brote | aus dem Backofen | . |

❺ Jongliere selbst! Stelle die beiden Sätze mehrmals um.
Schreibe sie auf. Kreise die Satzglieder ein.

> Das Satzglied, das im Aussagesatz an der zweiten Satzgliederstelle steht, enthält in der Regel das Verb.

Rapunzel

A Heimlich hatten ein Mann und eine Frau Rapunzeln* aus dem Garten einer Zauberin genommen.
B Ein Mann und eine Frau hatten aus dem Garten einer Zauberin heimlich Rapunzeln genommen.
C Aus dem Garten einer Zauberin hatten ein Mann und eine Frau heimlich Rapunzeln genommen.

* Feldsalat

A Deshalb verlangte die Zauberin von ihnen ihr erstes Kind.
B Die Zauberin verlangte von ihnen deshalb ihr erstes Kind.
C Ihr erstes Kind verlangte die Zauberin deshalb von ihnen.

A Schadenfroh sperrte sie es in einen hohen Turm und nannte es Rapunzel.
B Sie sperrte es schadenfroh in einen hohen Turm und nannte es Rapunzel.
C In einen hohen Turm sperrte sie es schadenfroh und nannte es Rapunzel.

A Rapunzel saß dort nun viele Jahre einsam und verlassen.
B Einsam und verlassen saß dort nun Rapunzel viele Jahre.
C Dort saß Rapunzel nun einsam und verlassen viele Jahre.

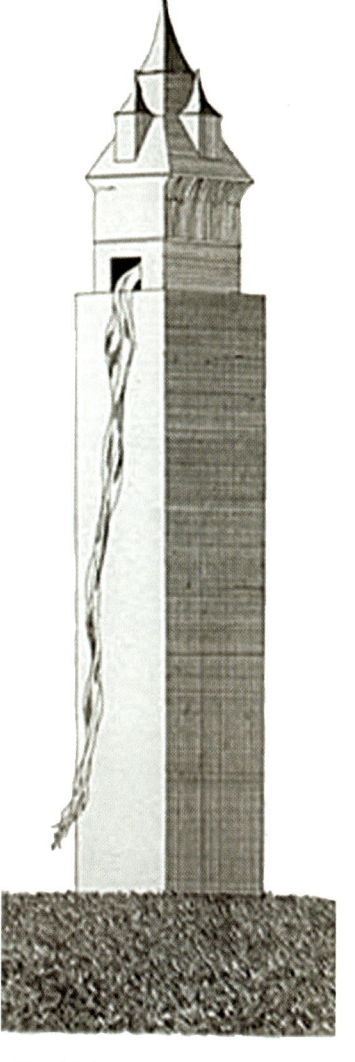

David Hockney: Rapunzel

❶ Wähle aus jedem Kasten einen Satz aus. Notiere jeweils den Buchstaben, der vor dem Satz steht.

❷ Lies den Text leise im Zusammenhang. Überprüfe, wie der Text für dich klingt.

❸ Schreibe den Text auf.

❹ Vergleicht eure Texte.

❺ Vermute, wie die Geschichte weitergehen könnte. Das Bild hilft dir.

❻ Lies den Text in einem Märchenbuch nach.

Richtig schreiben – sicher schreiben

Adjektive mit -ig und -lich

In Märchen sind die Figuren entweder:

gut	oder	böse
reich	oder	
fleißig	oder	
hässlich	oder	
ängstlich	oder	
dumm	oder	
lustig	oder	

❶ Suche alle Gegensatzpaare.
   gut – böse
   → 194

❷ Finde Märchenfiguren, die zu den Adjektiven passen.
   Schreibe: die fleißige Goldmarie, …

❸ Bilde kurze Sätze mit den Satzgliedern von Aufgabe 2.
   Die Goldmarie ist fleißig.

> Manche Adjektive haben als Endung -ig oder -lich .
> Die Verlängerungsprobe hilft dir, sie richtig zu schreiben.

Was ist hier los im Märchenland?

Die faule Goldmarie wurde mit einem Goldregen überschüttet.

Die Geißmutter rief traurig: „Gut, dass alle meine jungen Geißlein gerettet wurden!"

Die Prinzessin war fröhlich, weil ihre goldene Kugel in den Brunnen gefallen war.

Die Prinzessin ekelte sich vor dem Frosch, weil er so hübsch war.

Das tapfere Schneiderlein kämpfte ängstlich gegen viele Gefahren.

❹ Setze die passenden Adjektive ein. Schreibe die Sätze dann richtig auf.

Lernwörter-Training

Übe die Lernwörter so:

❶ ❷ ❸

❹ **Welche Lernwörter kannst du steigern?**
   Schreibe auf: hässlich – hässlicher – am hässlichsten

❺ Suche weitere Adjektive mit -ig und -lich
   als Endung und verlängere.
   Du kannst sie auch steigern.
   mutig – mutiger – am mutigsten
   fröhlich …

❻ **Wenn … dann …**

Wenn der Frosch
die Kugel aus dem Brunnen holt,
dann darf er
bei der Königstochter wohnen.

Wenn ich Dornröschen treffe,
dann frage ich sie,
ob ihr Prinz schon gestorben ist
oder ob er heute noch lebt.

Turm:
König
Königin
hässlich
fleißig
wenn
dann
heute
faul
fröhlich
traurig
leben
sterben
ängstlich
…
…
Übungstext mit Lernwörtern ➜ 183

❼ Denke dir weitere „Wenn … dann …"-Sätze aus
   und schreibe sie auf.

❽ Wo findest du gestorben in der Wörterliste? ➜ 204
   Suche auch gemacht gesagt gesprochen .

> Denk daran, dass jedes Verb eine Grundform hat.

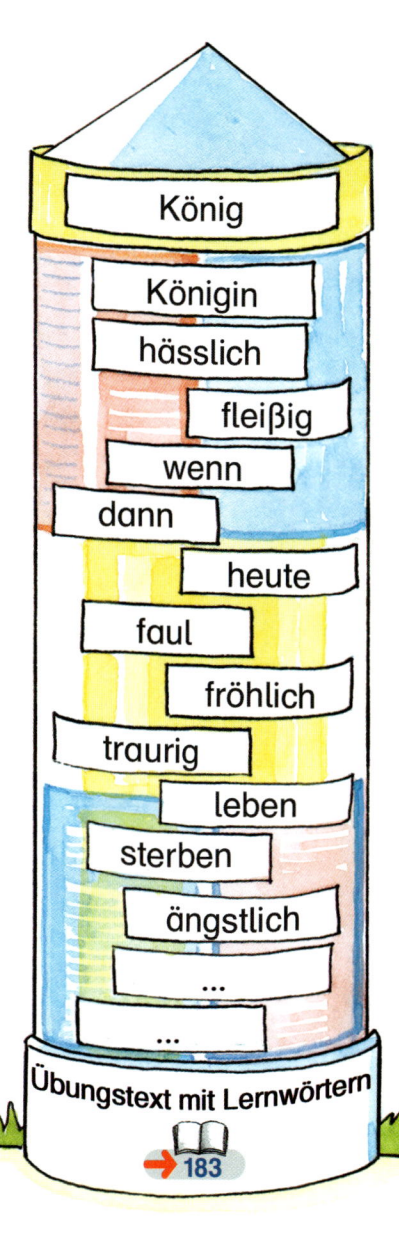

So bin ich – so bist du

Mein Tagebuch

Wie sich Schmetterlinge küssen

Wie sich Schmetterlinge küssen,
will ich wissen!
Küssen sie sich denn im Fliegen,
wenn sie sich im Winde wiegen?
Oder küssen sie sich auch
auf dem Heckenrosenstrauch?

Wie sich Regenwürmer küssen,
will ich wissen!
Küssen sie sich nur bei Regen,
wenn sie sich im Matsch bewegen?
Oder küssen sie im Garten,
während sie auf Regen warten?

Wie sich Menschenkinder küssen,
musst du wirklich selber wissen!
Wo sie gehn und wo sie stehn,
kannst du Menschen küssen sehn.
Darum gib mir jetzt zum Schluss
einen dicken Menschenkuss!

Jutta Richter

Alle sind zufrieden mit mir

Die Mama ist zufrieden mit mir, wenn ich im Haushalt helfe.
Der Papa ist zufrieden mit mir, wenn ich gute Noten habe.
Der große Bruder ist zufrieden mit mir, wenn ich ihm
von meinem Taschengeld etwas abgebe.
Die kleine Schwester ist zufrieden mit mir,
wenn ich ihre Rechenübungen mache.
Die Oma ist zufrieden mit mir, wenn ich nicht fernschaue und nicht Radio höre.
Wahrscheinlich ist es sehr ungerecht von mir,
wenn *ich* mit ihnen allen *nicht* zufrieden bin!

Christine Nöstlinger

Nach einem Streit

Weißt du,
wie das ist,
traurig zu sein,
sich ganz allein
zu fühlen?
Du gibst mir
nicht einmal einen Kuss,
sagst: "Schluss,
es ist Zeit, schlafen zu gehn!"
Ich liege da
mit all meiner Wut.
Mir geht es nicht gut!

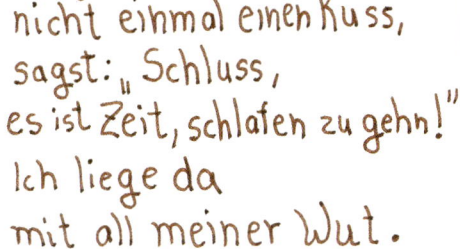

Regina Schwarz

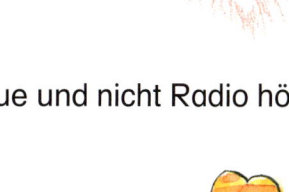

Wen du brauchst

Einen zum Küssen und Augenzubinden,
einen zum Lustige-Streiche-Erfinden.
Einen zum Regenbogen-suchen-Gehen
und einen zum Fest-auf-dem-Boden-Stehen,
einen zum Brüllen, zum Leisesein einen,
einen zum Lachen und einen zum Weinen.
Auf jeden Fall einen, der dich mag,
heute und morgen und jeden Tag.

Regina Schwarz

Ines + Tobias

Papas Geheimnis

*In dem Buch **Papas Geheimnis**
wird die Geschichte von Vater Paul und Sohn Paule erzählt.
Vater Paul und Sohn Paule leben allein – ohne Mama.
Und das klappt auch bestens. Meistens jedenfalls.
Aber plötzlich beginnt Vater Paul sich anders zu verhalten:
Er isst seine Brötchen ohne Butter,
verzichtet beim Abendessen auf den Nachschlag
und schleppt alberne Fitnessgeräte mit nach Hause.
An einem Samstag erfährt Paule schließlich,
was Vater Paul für ein Geheimnis hat …*

Wir stiegen in unseren alten Stinkekäfer und pütterten los.
Während wir durch die Innenstadt fuhren,
wischte sich mein Vater alle paar Minuten
den Schweiß aus dem Gesicht.
5 Schließlich hielten wir vor der Stadthalle.
Der Parkplatz stand voller Autos.
Also doch ein Konzert, dachte ich.
Aber was wollte er dort mit seiner Sporttasche?
Er stellte den Motor ab.
10 „Wir beide müssen jetzt sehr tapfer sein", sagte er
und legte mir seinen Arm um die Schulter.
Ich verstand nur Bahnhof. „Tapfer?", fragte ich.
Er zeigte auf das bunte Plakat,
das gleich neben uns an einem Lichtmast hing.
15 „MISTER-WAHL" stand drauf,
den Rest konnte ich nicht entziffern.
„Das ist ein Wettbewerb, bei dem der schönste Mann
der Stadt gewählt wird", erklärte Paul.
Ich schaute auf die Sporttasche, dachte an die Liegestütze
20 und den Bullworker – und jetzt endlich fiel bei mir der Groschen.
„Du … du … du …", stotterte ich.
„Du willst da doch nicht etwa mitmachen?"
Er sah mich mit einem Blick wie ein kranker Dackel an und nickte.
Das durfte einfach nicht wahr sein, Paul nickte!
25 „Am liebsten würde ich umkehren", sagte er mit zittriger Stimme.
Ich dachte an den Asterix-Film, den wir vielleicht doch noch sehen konnten,
und sagte: „Worauf warten wir? Gib Gas, Paul!"
Aber er schüttelte den Kopf. „Es geht nicht", sagte er.
„Ich hab bei uns in der Firma mit einem Kollegen gewettet.

30 Leider hab ich verloren. Und jetzt muss ich an dem Wettbewerb teilnehmen."
An dem Wettbewerb nahmen zwanzig Männer teil.
Paul kam als Vierter auf die Bühne.
Er trug nichts als seine Turnhose mit der amerikanischen
Flagge drauf und sah einfach umwerfend aus.
35 Das Publikum im Saal war begeistert.
Ich hörte sogar „Paul!-Paul!-Paul!"-Rufe.
Wahrscheinlich waren das die Kollegen meines Vaters.
Zuerst machte Paul locker zehn Liegestütze,
klatschte beim letzten sogar in die Hände.
40 Dann zeigte er seine Arm- und Beinmuskeln
und hob eine schwere Kiste auf ein Podest.
Zum Schluss tanzte er mit der Ansagerin
einen astreinen Rock 'n' Roll über die Bühne.
Mit Überschlag und allen Schikanen.
45 Mensch, ich hatte gar nicht gewusst,
dass mein Vater so was konnte.
Leider wurde Paul nur Siebter,
ein Typ mit einem winzigen Höschen
und Muskeln bis zum Kinn machte das Rennen.
50 Aber mein Vater schien nicht traurig darüber zu sein.
Bei der Verabschiedung aller Teilnehmer winkte er mir lachend zu.
Er war der Schönste, die Kampfrichter hatten keine Ahnung.
„Und jetzt gehen wir Pizza essen", sagte Paul, als wir wieder im Auto saßen.
Seine Kollegen hatten ihn mit in eine Kneipe nehmen wollen,
55 doch er hatte abgelehnt.
„Eine Pizza Gigante für mich und eine Pizza Tonno für dich, Paule. Einverstanden?"
Ich nickte. „Wenn du mehr Zeit zum Trainieren gehabt hättest, hättest du gewonnen",
sagte ich. „Ach, was soll's", sagte Paul. „Ich bin froh, dass es vorbei ist.
Gesund leben kann verdammt anstrengend sein."

Jürgen Banscherus

❶ Ist Paul stolz auf seinen Vater? Begründet.

Ab ins Bett!

Kinder dürfen nie was.
Und Erwachsene dürfen alles.
Vor allem dürfen sie abends viel länger aufbleiben.
Die Eltern von Philip und Tanja sind genauso.
5 Jeden Abend heißt es: „Und jetzt aber ab ins Bett!"
Dabei sind Philip und Tanja meistens gar nicht müde.
„Mir reicht's!", sagt Tanja. „Ich mach da nicht mehr mit!"
Sie hat Mamas großen Federhut auf den Kopf gesetzt.
„Was hast du vor?", fragt Philip.
10 Aber Tanja sagt nichts.
Sie hängt ihm einfach eine von Papas Krawatten um den Hals.
Dann zieht sie Mamas Blumenkleid und die Stöckelschuhe an
und setzt die Sonnenbrille auf.
Philip hat endlich verstanden.
15 Unauffällig verschwindet er in Papas Kleiderschrank.
Als er wieder herauskommt,
sieht er fast aus wie ein richtiger Vater.
„Madame, ich bin bereit", sagt er zu Tanja.
Sie hakt ihren Arm in seinen.
20 So schreiten sie zum Wohnzimmer.
Dort sitzen Mama und Papa und gucken Nachrichten.
Als Tanja und Philip reinkommen, sind sie fassungslos.
„Seid ihr verrückt geworden?", ruft Papa.
Und Mama schreit: „Mein Hut!"
25 Philip und Tanja sagen nur eins: „Jetzt aber ab ins Bett!"
Und sie sind sehr streng dabei.
Mama und Papa maulen ein bisschen.
Aber dann machen sie den Fernseher aus
und gehen ins Bett.
30 Später gucken Tanja und Philip nach,
ob sie das Licht ausgemacht haben.
Mama und Papa liegen brav im Bett.
Tanja und Philip stehen in ihren Kostümen vor ihnen.
Das sieht so komisch aus, dass alle vier lachen müssen.

Milena Baisch

❶ Was tun Tanja und Philip?
❷ Warum machen sie das?
❸ Spielt die Geschichte vor. ➜ 106/107

Zwei dicke Freunde

Nele und Opa spielen Karten.
Dazu essen sie Kekse und trinken Kakao.
Nele und Opa trinken Kakao aus den guten Tassen mit Blümchen.
Oma hat gesagt: „Nehmt lieber die alten Becher!"
5 Doch Nele und Opa wollten unbedingt die guten Tassen mit Blümchen.
„Dann passt aber auf!", hat Oma gesagt.
Jetzt spielen Nele und Opa das dritte Spiel.
Opa hat schon zwei Mal gewonnen.
Aber diesmal gewinnt Nele.
10 Sie jubelt vor Freude.
Sie wirft die Arme hoch und reckt die Fäuste.
„Gewonnen! Gewonnen!", ruft Nele.
Auweia!
Mit einer Hand stößt sie ihre Tasse vom Tisch.
15 Bums! Schepper! Klirr!
Die gute Tasse mit Blümchen ist nur noch
ein Häufchen Scherben.
Nele wird blass.
Sie schaut Opa an.
20 Opa sagt nichts.
Oma hat etwas gehört.
Sie stürzt herein.
Sie sieht die Scherben und holt tief Luft.
Da sagt Opa schnell:
25 „Ich bin ein Schussel.
Tut mir leid, was mir da passiert ist."
Nele öffnet den Mund.
Doch Opa zwinkert ihr zu.
Oma seufzt.
30 Sie schaut von einem zum anderen.
Lächelt sie etwa?
Na, jedenfalls sagt sie: „Zwei so dicke Freunde halten zusammen.
Das ist doch klar."

Ingrid Uebe

❶ Was passiert Nele?

❷ Warum nimmt Opa die Schuld auf sich?

❸ Spielt die Geschichte vor. ➔ 106/107

So ein Angeber

So wahr ich Kathrin heiße: Die Bande, die ich mit meinen Freunden
gegründet habe, ist die tollste der ganzen Stadt.
Neulich gingen wir zusammen zum Spielplatz.
Den fremden Jungen auf dem Klettergerüst entdeckte ich zuerst.
5 Er winkte albern von oben herab. „Hallo!"
Misstrauisch schauten meine Freunde und ich nach oben.
Wer zum Teufel war das? Und was wollte er hier?
Der Junge rief: „Kommt doch hoch. Der Ausblick ist toll."
Als ob ich das nicht gewusst hätte.
10 Der Junge rief überheblich: „Oder traut ihr euch nicht?"
Ich flüsterte Frank ins Ohr: „Der sieht aus wie Mr. Spock,
mit seinen Segelfliegerohren." Wir kicherten beide.
„Schaut mal, was ich kann!", tönte es jetzt von oben.
Langsam richtete der Junge sich auf und stand freihändig
15 auf der obersten schmalen Stange.
Plötzlich verlor er die Balance, ruderte wild mit den Armen
und plumpste vom Gerüst.
Immerhin fiel er weich in den tiefen Sand. Mir reichte es.
Ich winkte meinen Freunden: „Lasst uns abhauen."
20 Auf dem Weg zu unseren Rädern schüttelte Dennis den Kopf. „So ein Angeber!"
Am nächsten Tag brachte unser Klassenlehrer
einen neuen Schüler in unsere Klasse. Der Junge schaute schüchtern zu Boden.
Herr Hanke stellte den Neuen vor.
Er hieß Kai. Ich staunte nicht schlecht, als ich ihn erkannte.
25 „Das ist doch der Angeber vom Spielplatz!", flüsterte ich Selma zu.
Herr Hanke schob den Jungen ausgerechnet auf den freien Platz neben mir.
Als Kai zum Tisch kam, funkelte ich ihn finster an.
Dann hörte ich die Worte des Lehrers:
„Kai und Kathrin, ihr werdet euch sicher
30 gut verstehen."

Gerit Kopietz

Ein echter Held

Ich saß ganz oben auf der Spitze des großen Klettergerüstes.
Zuerst hatte ich mich nicht so hoch getraut. Denn eigentlich bin ich
gar kein mutiger Typ. Doch von da oben hatte ich einen tollen Ausblick.
Ich kannte mich hier noch nicht aus. Wir wohnten nämlich erst ein paar Tage
5 in diesem Kaff. Weit entfernt von Köln und all meinen Freunden dort.
Hier kannte ich niemanden.
Plötzlich kamen einige Kinder auf den Spielplatz. Ich winkte: „Hallo!"
Die Kinder sagten nichts. Sie musterten mich nur misstrauisch. Ich beschloss,
es auf die freundliche Tour zu versuchen: „Kommt doch hoch. Der Ausblick ist toll."
10 Niemand kletterte auf das Gerüst. Alle starrten mich nur an. Als käme ich vom Mars.
Langsam wurde ich sauer. Also rief ich: „Oder traut ihr euch nicht?"
Das Mädchen flüsterte einem Jungen etwas ins Ohr. Beide kicherten.
Was für eingebildete Lackaffen!
Denen wollte ich es zeigen. Ich rief von oben herab: „Schaut mal, was ich kann!"
15 Langsam richtete ich mich auf und stand freihändig
auf der obersten schmalen Stange.
Ich beugte mich vor. Dabei verlor ich die Balance,
ruderte wild mit den Armen und plumpste vom Gerüst.
Zum Glück fiel ich weich in den tiefen Sand. Als ich mich wieder aufgerappelt hatte,
20 stiegen die Kinder gerade wieder auf ihre Räder.
Na, auf die konnte ich auch getrost verzichten.
Am nächsten Tag hatte ich meinen ersten Schultag in der neuen Schule.
Der Klassenlehrer nahm mich in meine neue Klasse mit.
Er schob mich auf einen freien Platz.
25 Neben einem Mädchen. Als ich ihr ins Gesicht sah, erschrak ich.
Es war das Mädchen vom Spielplatz! Wie im Nebel hörte ich die Worte des Lehrers:
„Kai und Kathrin, ihr werdet euch sicher gut verstehen."

Jörg Sommer

❶ Vergleicht beide Texte.
- Was denkt Kathrin?
- Was denkt Kai?

Zeigt die passenden Stellen im Text.

❷ Wähle einen Text aus und
schreibe die Geschichte weiter.

❸ Eine Situation,
aber unterschiedliche Sichtweisen.
Woran liegt das?

Pausenliebe

Frank liebt Anne …
In der Pause,
Plötzlich, als er Anne sieht,
Weiß er nicht, wie ihm geschieht:
5 Heimlich im Vorübergehn
Lässt er sich ein Lächeln stehn …
Anne streicht ihr Haar zurück,
Schenkt ihm einen Augenblick.
Später an der Haltestelle
10 Stupst ihn Anne blitzeschnelle
Heimlich im Vorübergehn
Grade so – wie aus Versehn …
„Aua!" – denkt sich Frank im Bus –
„Autsch, das war ja fast ein Kuss!"
15 Und er freut sich, kaum zu Hause,
Auf die nächste große Pause …

Michail Krausnick

Ein Gespenst hat an die Wand geschrieben:
Ruth und Peter lieben sich.
Ihr ärgert euch?
Seid doch gescheit!
Das Gespenst heißt NEID.

Walther Petri

❶ Schreibe die Antworten auf:
- Wie heißen die beiden Kinder?
- Worüber freut sich der Junge?
- Was tut das Mädchen?
- Wo begegnen sich die Kinder?
- Warum freut sich der Junge auf die nächste große Pause?

❷ Was ist mit „Pausenliebe" gemeint?

❸ Kennst du ähnliche Gefühle?

Tobias und Ines unterm Regenschirm

Am Nachmittag regnet es. Tobias freut sich.
Er hüpft von einer Pfütze in die andere. Als er genug hat, läuft er nach Hause.
Vor dem Haus sitzt Ines auf der kleinen grauen Mauer.
Unter einem Regenschirm.
5 „Was machst du denn hier?", fragt Tobias.
„Ich probiere meinen Schirm aus", sagt Ines, „den hat mir mein Papa geschenkt."
Tobias fragt, ob er mit ausprobieren darf. Er darf. Der Schirm ist rot mit blauen Tupfen.
„Das ist aber ein sehr lustiger Regenschirm", sagt Tobias.
Ines gefällt er auch. Am besten gefällt ihr das Eichhörnchen.
10 Die Krücke von dem Schirm ist ein Eichhörnchen, aus Holz.
„Ich kann Eichhörnchen gut leiden", sagt Ines.
„Ich auch", sagt Tobias. Aber er kennt jemanden, den kann er noch besser leiden.
„So? Wen denn?" Das verrät Tobias nicht. Weil das sein Geheimnis ist.
„Verrätst du mir dein Geheimnis?" „Ne", sagt Tobias.
15 Das verrät er nicht: Nie verrät er das.
„Dann darfst du auch nicht mehr meinen Schirm ausprobieren."
Ines rutscht von ihm weg. Tobias bleibt erst sitzen: Dann rutscht er hinter Ines her.
Vielleicht, vielleicht sagt er es doch. Also, wen kann er gut leiden?
„Dich!", sagt Tobias. Und tippt mit dem Zeigefinger auf Ines.
20 „Mich?", fragt Ines. „Ja!" Tobias nickt.
„Warum kannst du mich gut leiden?", fragt Ines.
„Weil du so gut riechst, nach Salz und Meer."
Ines ist doch vor vier Jahren aus Spanien gekommen.
Tobias hat im letzten Sommer Ferien in Spanien gemacht.
25 Am Meer. Bei den Möwen. Das war sehr schön.
Immer wenn Tobias die Ines sieht, denkt er ans Meer.
Ines fängt einen Regentropfen mit der Hand auf und sagt,
dass in Spanien jetzt bestimmt die Sonne scheint.
„Fährst du in diesem Jahr in den Ferien nach Spanien?", fragt Tobias.
30 „Nein", sagt Ines. „Wir haben kein Geld." Wenn Ines will, kann sie mit Tobias fahren.
„Mit dir?" „Ja, ich fahre oft nach Spanien. Mit dem Schiff."
Das baut Tobias sich in seinem Zimmer aus Matratzen.
Sie können gleich losfahren. Das Schiff ist schon fertig.
Weil Tobias heute Nachmittag nach Madagaskar wollte.
35 Aber mit Ines fährt er natürlich nach Spanien. Ines hopst von der Mauer.
Rennt über die grauen Steinplatten ins Nachbarhaus.
„Wo willst du denn hin?" „Mutter fragen, ob ich mit dir
nach Spanien darf!" Sie dreht sich um und lacht.

Ursula Fuchs

❶ Schreibe die Antworten auf:
- Wen kann Tobias gut leiden? Warum?
- Was ist das Besondere an Ines' Schirm?
- Aus welchem Land kam Ines vor vier Jahren?
- Woraus baut Tobias sein Schiff?

Texte verstehen

Warum ist Timo so unbeliebt?

Timo, so sagen manche, hat eine Klappe so groß wie ein Briefkasten.
Aber wie einer, in den Pakete reinpassen. Timo weiß alles besser.
Er war schon immer überall.
Er kennt jeden und alles.
5 Er trägt die coolsten Klamotten.
Er rennt am schnellsten und springt am höchsten.
Er fährt das Fahrrad mit den meisten Gängen.
Er hat alles schon vorher gewusst, früher gesehen,
besser gekannt als andere. Er macht keinen Fehler.
10 Wenn einer einen Witz erzählt, unterbricht er ihn
und erzählt den Schluss, weil er den besser weiß.
Kurz gesagt: Er ist der tollste Typ, den du dir vorstellen kannst.
Er hat nur ein Problem: Keiner mag ihn.
Das wurmt Timo sehr. Er kann sich auch nicht erklären, warum das so ist.
15 Denn er findet sich selbst unheimlich gut.
Schließlich hat er sich das lange genug eingeredet.
Timo überlegt, wie er sich bei seinen Mitschülern beliebt machen kann …

Am nächsten Tag bringt Timo Musikkassetten mit.
Eine davon steckt er Michel zu.
20 „Für dich!", flüstert Timo. „Die neuesten affenschrillen Hits.
Darfst es aber nicht den anderen sagen! Sonst wollen die auch welche …"
„Geschenkt?", fragt Michel verwundert. „Na klar", sagt Timo.
„Für umsonst?", fragt Michel.

So prüfen wir, ob wir einen Text verstanden haben:

1 Lies den Text.

2 Überlege, was du erfahren hast.

Spielplan	Wo?	Wer?	Was?
1. Szene	auf dem Schulhof	Timo, Michel, Klassenkameraden	Timo unterbricht Michel, um den Witz zu Ende zu erzählen.
2. Szene	bei Timo zu Hause	Timo	…
3. Szene	…	…	…
4. Szene	…	…	…

Wir spielen vor, was wir gelesen haben

„Logo", sagt Timo. „Bist du dann mein Freund?"
25 „Also doch nicht umsonst", sagt Michel.
„Aber Freundschaft kann man nicht kaufen."
Er legt Timo die Kassette wieder hin.
„Du bist doof. Das hab ich gleich gewusst",
sagt Timo achselzuckend,
30 als er die Kassette wieder einsteckt.
„Das ist ja das Problem: dass du immer alles weißt,
alles kannst, alles bestimmst, alles ahnst und
alles hast …", sagt Michel.
„Wieso? Äh – das versteh ich jetzt nicht …",
35 sagt Timo und sieht Michel mit großen Augen an.
In diesem Augenblick klingelt es.
„Ich erklär es dir später", sagt Michel.

Ursula Scheffler

Wir brauchen mindestens 3 Kinder zum Mitspielen.

Timo, Michel, …

3 Bildet Gruppen.
Überlegt gemeinsam, wie viele Kinder ihr zum Vorspielen braucht.
Entscheidet, wer welche Rolle übernimmt.

4 Spielt die Geschichte vor.
Sprecht dabei mit eigenen Worten.

5 Überlegt gemeinsam, ob das Spiel zum Text passt.

Texte schreiben

Das sollte in Streitgeschichten stehen:

Wer streitet?	Worum geht es?	Wie endet der Streit?
Julia und Manuel	Sie streiten, ob sie einen Habicht oder eine Schwalbe gesehen haben.	Sie schubsen sich und landen beide im Matsch.
Sofia und Jana	Beide behaupten, beim Laufen als Erste im Ziel gewesen zu sein.	Sie wiederholen den Lauf.
Anton und Paul	Paul hat Antons Mäppchen vom Tisch geworfen.	…

So schreiben wir einen Erzähltext:

1. Wähle ein Thema, zu dem du eine Geschichte schreiben willst. Das kann ein eigenes oder ein erfundenes Erlebnis sein. Überlege, woran du denken musst.

2. Überlege dir, wer in der Geschichte vorkommt, worum es geht und wie es endet.

3. Schreibe deinen Text und setze eine eigene Überschrift.

Wir schreiben einen Erzähltext

Der Schwalbenhabicht

Manuel hat heute bei Julia geschlafen. Er hat nicht gut geschlafen und ist sehr streitsüchtig.
Auf dem Schulweg sehen sie einen Vogel hoch über ihren Köpfen.
„Sieh mal, der Habicht!", ruft Julia, die Tochter des Försters.
„Das ist eine Schwalbe", antwortet Manuel mürrisch.
„Meinetwegen kann es in deinen Augen eine Giraffe sein, du Blödhammel!", schimpft Julia.
Und Manuel und Julia streiten sich sehr lange. Manuel: „Ich sagte, es ist eine Schwalbe, du Idiot!" Julia: „Und ich sage, es ist ein Habicht, du Eumel."
Und schließlich schubst Manuel Julia. Sie schubst zurück und beide rutschen aus und fallen in den Matsch. Und alles nur wegen dem Schwalbenhabicht.

Leonie

Ich finde es schön, ...

... wenn man in der Geschichte merkt, ...

... welche Gefühle jemand hatte.

Dann kann man sich alles besser vorstellen und richtig miterleben.

4 Lies deinen Text noch einmal langsam durch:
- Ist der Text verständlich?
- Muss etwas ergänzt werden?
- Muss ein Satz umgestellt oder berichtigt werden?
- Finden sich die wichtigen Punkte wieder?

5 Lest euch eure Texte gegenseitig vor.
Sprecht über jeden Text und überlegt, ob sich die wichtigen Punkte wiederfinden.
Jedes Kind bekommt gesagt, was an seinem Text besonders gelungen ist.

6 Korrigiere die Rechtschreibung, bevor der Text veröffentlicht wird.
Manchmal findet man die Fehler am nächsten Tag viel besser.

Die wörtliche Rede

Kommt. Wir spielen Tischtennis.

Ach ne. Ich habe keine Lust.

Wollen wir schaukeln?

Ja, super Idee!

❶ Lest die Sprechblasen mit verteilten Rollen.

Bei den Bildern kann man sehen, wer was sagt.

Aber um in einem Text zu erkennen, was jemand sagt, setzt man die wörtliche Rede in Redezeichen.

Anna sagt:	„In der Pause spiele ich am liebsten Tischtennis."
↓	↓
Begleitsatz	wörtliche Rede

❷ Schreibe auf, was die Kinder sagen.
Unterstreiche den Begleitsatz und die wörtliche Rede.
<u>Anna sagt:</u> „Kommt. Wir spielen Tischtennis."

Steht der Begleitsatz vor der wörtlichen Rede, folgt ein Doppelpunkt : .
Anfang und Ende der wörtlichen Rede
sind durch Redezeichen „…" gekennzeichnet.

→ 197

Elena fragt Wer ist deine beste Freundin?

Anika flüstert Ich habe ein Geheimnis.

Lina behauptet Ich teile meine Geheimnisse nur mit meiner besten Freundin.

❶ Ergänze die Redezeichen.

Lisas Geheimnis

Eines Tages fragte Lisa ihren kleinen Bruder Lukas
Möchtest du, dass ich dir mein größtes Geheimnis verrate?
Lukas nickte eifrig und sagte Ja, klar. Ich liebe Geheimnisse.
Lisa bohrte nach Möchtest du es wirklich wissen?
Lukas rief Ja!
Aber plötzlich drehte Lisa sich um und sagte
Ich glaube, ich werde es dir lieber nicht verraten.
Enttäuscht fragte Lukas Warum?
Lisa antwortete Weil du es mir nicht glauben wirst.
Kein Mensch auf der Welt wird es mir glauben.
Lukas rief Aber Lisa, ich werde dir glauben, das verspreche ich.

❷ Unterstreiche die wörtliche Rede.
Ergänze die Redezeichen.

Oft erkennt man im Begleitsatz auch, wie etwas gesagt wird.

Dann schreibe ich statt sagen z. B. flüstern, rufen, schreien, erzählen, fragen, antworten, …

→ 197

Richtig schreiben – sicher schreiben

Doppelte Mitlaute → 200

die H<u>ü</u>te – die H<u>ü</u>tte   wir b<u>e</u>ten – die B<u>e</u>tten

der Sch<u>a</u>l – der Sch<u>a</u>ll   wir r<u>a</u>ten – die R<u>a</u>tten

der <u>O</u>fen – <u>o</u>ffen   der St<u>ie</u>l – st<u>i</u>ll   ich k<u>a</u>m – der K<u>a</u>mm

❶ Sprich die Wörter deutlich mit. Achte auf die unterstrichenen Selbstlaute.
Was fällt dir bei jedem Wortpaar auf?

❷ Schreibe die Wörter mit einem kurzen Selbstlaut auf.
Markiere den kurzen Selbstlaut und den doppelten Mitlaut.
die Betten, …

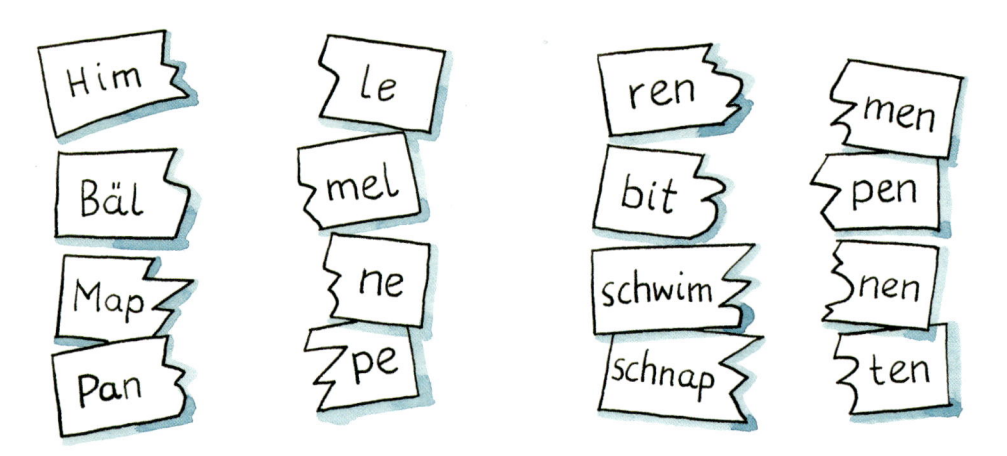

Him	le	ren	men
Bäl	mel	bit	pen
Map	ne	schwim	nen
Pan	pe	schnap	ten

❸ Schreibe die Wörter auf.
der Him - mel, der Himmel

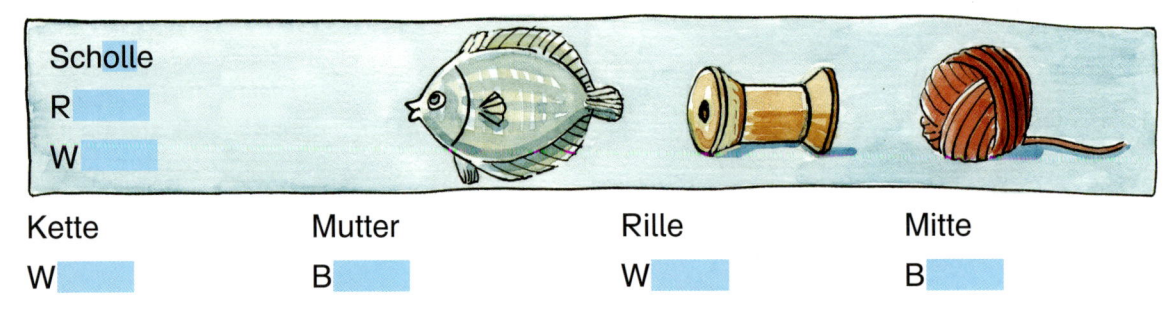

Scholle
R_____
W_____

Kette   Mutter   Rille   Mitte
W_____ B_____   W_____ B_____

❹ Schreibe die Reimwörter auf.
Markiere den kurzen Selbstlaut und den doppelten Mitlaut.

Lernwörter-Training

Übe die Lernwörter so:

❶ ❷ ❸

❹ Ordne die Lernwörter nach dem Abc.

❺ Schreibe die Wörter mit einem doppelten Mitlaut auf.

❻ Suche dir Lernwörter aus.
Bilde Unsinnsätze oder schreibe einen kurzen Text.

❼ Schreibe mit einigen Lernwörtern einen Satz mit wörtlicher Rede.

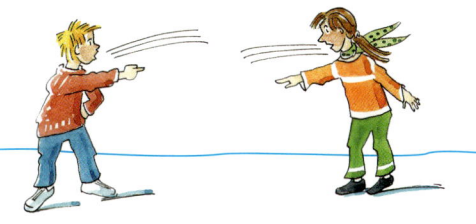

Freundschaft
Streit
Geheimnis
Liebe
Angst
Kuss
ärgern
gemein
bitten
schwimmen
heimlich
zusammen
immer
…
…

Übungstext mit Lernwörtern
→ 184

Streit

Tim ist sauer auf Lena.
Er schreit Unsere Freundschaft ist hiermit beendet!
Lena schreit zurück Das ist mir nur recht, du bist ein Angeber!
Tim antwortet Und du hast immer nur Geheimnisse.

Freundschaft

Tim und Lena sind zusammen am Baggersee.
Lena fragt Wollen wir nachher noch ein Eis essen gehen?
Tim ruft begeistert Das ist eine gute Idee.
Er fragt Lena Wollen wir morgen wieder schwimmen gehen?
Lena meint Na klar, wenn das Wetter mitspielt.

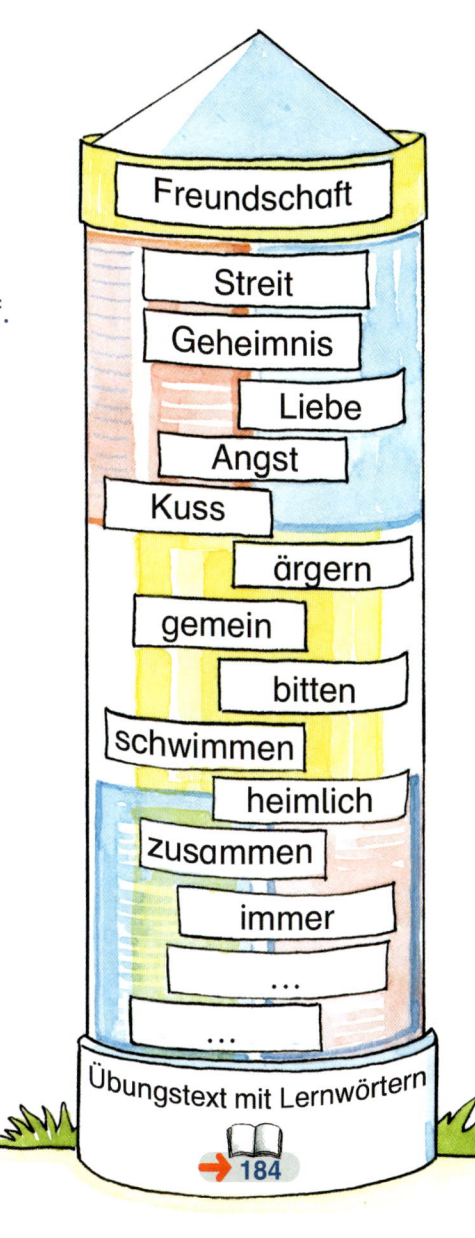

❽ Ergänze die Redezeichen.

Im Garten der Natur

Wind und Gras

Ich sitze mit nackten Beinen
in einer Wiese.
Ein leichter Wind
streichelt die Gräser,
die Gräser streicheln mich.

Alles ist still.
Auf der Wiese ist niemand.
Nur ich.
Nur ich und das Gras
und der Wind.

Georg Bydlinski

Die Einladung

Sommer im Garten. Unter dem Birnbaum blinkten die Insekten. Sie summten, ich summte mit. Ich stützte eine Malve mit einem Stecken, zupfte etwas Unkraut, tat dies und das
5 und zwischendurch nichts.
Da sprach eine Biene mich an. Heute hat unsere Königin Hochzeit, sagte sie. Wir suchen einen Brautführer, mein Volk und ich. Nun ist die Wahl auf dich gefallen.
10 Ich rieb mir die trockenen Erdkrusten von den Fingern. Danke, sagte ich. Und was soll ich anziehen? Flügel, sagte die Biene.

Jürg Schubiger

Fragen über Fragen

Trägt die Schleiereule einen Schleier?

Trägt die Pantoffelblume Pantoffeln?

Besteht der Eisvogel aus Eis?

Besteht die Holzwespe aus Holz?

Hat das Fingerkraut Finger?

Hat der Hornstrauch Hörner?

Renate Peter

Die Made

Hinter eines Baumes Rinde
wohnt die Made mit dem Kinde.

Sie ist Witwe, denn der Gatte,
den sie hatte, fiel vom Blatte.
Diente so auf diese Weise
einer Ameise zur Speise.

Eines Morgens sprach die Made:
„Liebes Kind, ich sehe grade,
drüben gibt es frischen Kohl,
den ich hol. So leb denn wohl!
Halt, noch eins! Denk, was geschah,
geh nicht aus, denk an Papa!"

Also sprach sie und entwich. –
Made junior aber schlich
hinterdrein; und das war schlecht!
Denn schon kam ein bunter Specht
und verschlang die kleine fade
Made ohne Gnade. Schade!

Hinter eines Baumes Rinde
ruft die Made nach dem Kinde …

Heinz Erhardt

7 Im Garten der Natur

Mein Garten

Ein Platz zum Toben,
Sichverstecken
hinter Bäumen,
Sträuchern, Hecken.
Ein Platz für Vögel,
ein Zwitschern und Singen.
Aus Nestern
Vogelstimmen dringen.
Ein fröhlich Getummel
und Hummelgebrummel!

Welch Rosenduft
liegt in der Luft!
Ein Meer von Farben
dort im Beet.
Ein leichter Wind
darüber weht.
Und eine Schaukel
auf dem Rasen.
Pusteblumen,
Seifenblasen.

Manch Brennnessel auch
unter dem Strauch.
Schmetterlinge,
unermüdlich,
tun am Nektar
gern sich gütlich.
Sind plötzlich fort
am andern Ort –
fliegen durch meinen Garten.

Bärbel Klein

Garten

Paul Klee: Tor zum verlassenen Garten

MANCHMAL, wenn ich im Garten liege
und langsam ziehen die Wolken dahin,
fühle ich deutlich, wie ich fliege.
Ich glaube, dass ich ein Vogel bin.

Frantz Wittkamp

❶ Schreibe einen Text zum Thema Garten.

❷ Vergleicht die Texte im Buch mit euren Texten.

❸ Wähle einen Text für einen Lesevortrag aus.

Aussteiger

❶ Was verstehst du unter dem Wort Puppen?

Nesseln wachsen in dem Garten, von dem hier die Rede ist. Brennnesseln.
Brennnesseln sind Unkraut!, sagen die Leute.
Brennnesseln gehören in keinen Garten.
Brennnesseln sind schön!, sagt die Frau, die Brennnesseln
5 in ihrem Garten wachsen lässt. Die Blätter sind schön,
die Blüten, der schlanke biegsame Stiel, alles ist schön.
Hässliche schwarze Raupen kriechen auf deinen Brennnesseln umher,
sagen die Leute. Hol die Giftspritze!
Ich spritze kein Gift!, sagt die Frau.
10 Wenn der Wind deine Brennnesselsamen in unsere Gärten weht,
benachrichtigen wir die Polizei, sagen die Leute. Wir wollen
keine Brennnesseln und keine hässlichen schwarzen Raupen.
Schwarz sind sie zwar, überlegt die Frau, aber ich sehe weiße Pünktchen
auf der schwarzen Haut. Woran erinnern mich diese Pünktchen?
15 Brennnesselblätter schmecken süß. Die schwarzen Raupen essen und essen
und essen. Die Haut wird ihnen eng. Sie lassen ihre Haut platzen. Darunter
ist eine neue Haut, weiter als die vorherige. Mehrmals häuten sich die Raupen.
Und jedes Mal sind auf der neuen schwarzen Haut auch weiße Pünktchen.
Bis die weißen Pünktchen sich in goldene verwandeln. Bis Grau aus dem Schwarz
20 wird. Bis die Raupen aufhören zu kriechen. Bis alles sich verwandelt hat.
Seltsam geformte Körper hängen regungslos in den Zweigen.
Aschgrau mit goldenen Pünktchen.
Puppen!, sagt die Frau und lächelt. Tag für Tag hängen sie so.
Leblos nach außen. Ohne Sicht nach innen.
25 Dann kommt der Augenblick, in dem sie sich öffnen.
Einer steigt aus. Hat es eng gehabt, das sieht man. Langsam entfaltet er sich.
Breitet Flügel aus, voll leuchtender Farben. Rot. Blau. Braun. Golden.
Legt die Flügelspitzen aneinander, streckt die Fühler. Verharrt Sekunden
regungslos. Und fliegt dann auf mit weit offenen Flügeln.
30 Ein Schmetterling. Ein Pfauenauge.
Und was sagen die Leute?
Das stimmt ja gar nicht, was sie in der Zeitung schreiben,
dass die Pfauenaugen aussterben.
Da fliegen ja welche.

Irmela Wendt

❷ Welche Bedeutung hat das Wort Puppen in dem Text? → 141/142

Eine Schmetterlingsgeschichte

Die Kinder spielen Verstecken.
Sie haben sich hinter der Tanne versteckt.
Ganz still sitzen sie.
Nur das Summen der Bienen ist zu hören.
5   Die Sonne scheint warm durch die Äste.
Von Weitem ruft ein Kuckuck dreimal:
Kuckuck, kuckuck, kuckuck –
Eine Krähe schreit: Kra – kra –
„Guck mal!", flüstert Gisela.
10   „Was klebt da für ein komisches braunes Ding am Ast!"
„Zeig mal!", sagt Holger leise.
„Das ist eine Schmetterlingspuppe.
Die hat mir mein Vater schon mal in einem Buch gezeigt."
„Ist da ein Schmetterling drin?", fragt Gisela erstaunt.
15   „Wie soll der da bloß reinpassen!"
Die Sonnenstrahlen scheinen ganz warm
auf die längliche braune Schmetterlingspuppe.
Da – sie bewegt sich!
„Du!", ruft Gisela. „Das Ding geht auf!"
20   Ganz schmal zusammengefaltet kriecht
ein gelber Schmetterling heraus.
Die Flügel zittern. Er klappt sie auf und zu.
Die Flügel sind ganz zart und haben feine Adern.
Ein Windzug streicht durch die Äste.
25   Da flattert der Schmetterling davon.

Barbara Cratzius

❶ Was erfahrt ihr in den beiden Texten über Schmetterlinge?
Notiert es.

❷ Sammelt weitere Informationen in Sachbüchern oder im Internet.
Ergänzt eure Notizen.

❸ Ordnet eure Ergebnisse und erstellt ein Plakat mit euren Informationen.

❹ Tragt anderen Gruppen oder einer anderen Klasse eure Ergebnisse vor.

Was ist eine Wiese?

Was ist eine Wiese?
Futter für die Kuh.
Und noch was dazu.
Gras und Blumen.
5 Schmetterlingsflügel.
Bienensummen.
Ameisengekrabbel.
Käfergezappel.
Achtung, Maulwurfshügel!
10 Margeriten.
Rote Federnelken
vor dem blauen Himmel.
Heupferd übt den Weitsprung
bis zum Kümmel.
15 Ein Kamillenbusch
öffnet zwei Blüten.
Sommerfliegen flitzen
über Storchschnabelmützen.
Hummeln bummeln
20 im Honighaus
ein und aus.
Unten am Löwenzahn
geigt eine Grillenschnarre.
Der Wind spielt mit den Halmen
25 Harfe oder Gitarre,
alles regt sich und bewegt sich,
alles, was da lebt und schwebt,
leuchtet, knistert, flüstert,
brummelt, bummelt –
30 Was ist eine Wiese?
– Das ist eine Wiese.

Friedl Hofbauer

❶ Trage das Gedicht so langsam vor, dass man sich diese Wiese vorstellen kann.

❷ Was hast du selbst schon auf einer Wiese entdeckt?

Guten Tag, Gänseblümchen

Am frühen Morgen haben die Gänseblümchen auf den Wiesen und
an den Wegrändern ihre Blüten noch geschlossen. Erst im Laufe des Vormittags
öffnen sich die weißen Blütenblätter. Zur Mittagszeit sind sie dann ganz geöffnet
und in den Abendstunden schließen sie sich wieder.

5 Woher weiß das Gänseblümchen, ob es Tag oder Nacht ist?
Die Antwort scheint einfach: weil es tagsüber hell ist und in der Nacht dunkel.
Ob das jedoch tatsächlich der Grund ist, kannst du leicht selbst überprüfen.
Grabe dir ein Gänseblümchen aus und setze es in einen Blumentopf.
Stelle den Topf in dein Zimmer. Du wirst sehen: Ganz gleich, wie hell oder
10 dunkel es bei dir ist, dein Gänseblümchen öffnet und schließt seine Blüte
zur gleichen Zeit wie seine Geschwister auf der Wiese. Es hört auf seine
innere Uhr und faltet zur gewohnten Zeit seine Blütenblätter zusammen.

Unser Baumstumpf

Viele Jahre ist der Baum herangewachsen. Er ist alt geworden.
Da bricht ein Sturm los, Blitze flammen auf, es gießt in Strömen –
der Baum zerbirst. Der Förster sieht den angeschlagenen Baum und fällt ihn.
Übrig bleibt der Baumstumpf. Gleich lässt sich eine Borkenkäferfrau
5 mit Schnurrbart auf ihm nieder. Unter der Rinde legt sie ihre Eier ab.
Maden schlüpfen aus und bohren Gänge in die Borke. Den Winter über
wachsen sie im Schlaf. Als sie im Frühling aufwachen,
haben sie schon Schnurrbärte und fliegen fort.

Aber nicht lange bleibt der Baumstumpf unbewohnt. Ameisen kommen
10 angekrabbelt und entdecken all die Gänge, von den Maden ausgenagt.
Hier lässt es sich für Ameisen gut leben. Die erste schleppt ein Blättchen,
die zweite einen Holzsplitter, die dritte ein Sandkorn. Sie tragen ab,
was angefault ist, und säubern so die Gänge.

Regen prasselt nieder. Ein Fröschlein hüpft heran
15 und findet im Baumstumpf einen Unterschlupf.
Viele Löcher hat die Zeit gebohrt
und wer da kommt, der wird beschirmt.
Die Sonne trocknet den Baumstumpf und schon nistet sich
ein neuer Bewohner ein: ein Ohrwurm. Weil ihm nichts lieber ist
20 als Schatten, verkriecht er sich unter der Rinde.

Am Ende kommt ein Mensch vorbei, bemerkt den Baumstumpf
und setzt sich auf ihn, um auszuruhen.
Dem Menschen gehört nun der Baumstumpf.
Warum auch nicht? Wer sagen kann: Mein Wald!
25 Der kann auch sagen: Mein Baumstumpf!

Aber wem gehört der Baumstumpf wirklich?
Mir! Sagt der Schnurrbart-Borkenkäfer.
Uns! Sagen die Ameisen.
Mir! Das Fröschlein.
30 Mir! So sagt der Ohrwurm.
Der Mensch behauptet: Mir!

Doch wenn ihr mich fragt, antworte ich: Allen gehört der Baumstumpf –
den Käfern und Ameisen, dem Frosch, dem Ohrwurm und natürlich auch
dem Menschen, weil wir alle mit den Bäumen zusammenleben.
35 Nacheinander sind Käfer und Ameisen, sind Vögel und die andern Tiere
auf der Erde erschienen und alle finden auf ihr Platz. Auch der Mensch.

Der Baumstumpf aber, der allen gehört, wird älter und älter.
Die Sonne wärmt ihn, der Regen kühlt ihn ab. Langsam vermodert er.
Verschwunden ist der Baumstumpf. An seiner Stelle wächst ein neuer Baum
40 heran. Die Ameise krabbelt hoch an ihm, an ihrem Baum!
In seinem Schatten ruht der Mensch aus. Ihnen allen gehört der Baum,
weil die Erde, die ihn trägt, für alle die Heimat ist.

Natalia Romanowa/Gennadij Spirin

❶ Welche Gäste kommen zum Baumstumpf?
Schreibe sie auf.

❷ Jeder Gast hat einen anderen Grund für seinen Besuch.
Findet die Textstellen und sprecht darüber.

❸ Alle sagen: „Der Baumstumpf gehört mir." Was denkt ihr?

Texte verstehen

Leider gibt es davon von Jahr zu Jahr immer weniger.

Wenn wir also ein paar Brennnesseln im Garten stehen lassen, finden Schmetterlinge dort ihre Nahrung.

Schmetterlinge werden oft fliegende Edelsteine genannt.

Schneide aus einer Kopie die einzelnen Textteile aus.

Manche Wörter zeigen mir genau, wie die Reihenfolge der Sätze sein muss.

So prüfen wir, ob wir einen Text verstanden haben:

1. Lies die einzelnen Textteile.
2. Ordne sie.
   Probiere aus, welche Reihenfolge stimmt.

Wir setzen einen Text wieder richtig zusammen

Fliegende Edelsteine

Eine dieser Futterpflanzen ist die Brennnessel.

Schuld daran sind die fehlenden Futterpflanzen, die meist als Unkraut angesehen werden.

3 Lies den ganzen Text und überprüfe die Reihenfolge der Textteile.

4 Vergleicht eure Lösungen.

5 Bildet Gruppen. Begründet, welche Reihenfolge richtig ist.

Texte schreiben

Das Haiku

ist eine sehr alte japanische Gedichtform. Ein Haiku handelt immer von der Natur. Jede Zeile hat eine bestimmte Anzahl von Silben. Noch heute finden in Japan große Wettbewerbe im Dichten von Haikus statt.

Mache eine Aussage.
Wie kannst du diese Aussage für eine Haiku-Zeile passend gestalten?

Die Vögel erwachen am Morgen und zwitschern.
5 Silben: Vögel erwachen.

Es liegt Frühlingsduft in der Luft.
7 Silben: Frühlingsduft liegt in der Luft.

Die Kinder spielen im Garten.
5 Silben: Kinder im Garten.

Ich überlege mir, was besonders wichtig ist.

Ich probiere gleich einen Satz und streiche!

Meine Frühlingswörter:

Vögel, zwitschern, morgen,

Amsel, Frühlingsduft,

Blüten, Gras, spielen,

Kinder, warm, Garten,

Sonne

So schreiben wir ein Haiku:

1. Sammelt Wörter zu einem Thema aus der Natur.

2. Überlege dir kurze Sätze oder Satzteile zu deinem Thema.
   Zähle die Silben und schreibe ein Haiku.
   So muss das Gedicht aussehen:
   1. Zeile: 5 Silben
   2. Zeile: 7 Silben
   3. Zeile: 5 Silben

Wir schreiben ein Gedicht

Apfelbaum am Haus.
Früchte trägt er rot und grün.
Den Duft mag ich sehr.

Regen prasselt laut.
Er trommelt an die Scheiben.
Sonne, wo bist du?

Schmetterling im Strauch.
Bunte Flügel schlagen sanft.
Schon fliegt er davon.

Schaukeln im Garten.
Abendwind streicht durch mein Haar.
Warten auf Papa.

Dies ist ein Haiku des alten japanischen Meisters Nao-jo:

Sie pflücken fällt schwer.
Und sie nicht pflücken fällt schwer,
die kleinen Veilchen.

3 Überprüft eure Haikus:
Sprecht euch die Zeilen langsam vor.
Stimmen die Silben? Wenn nicht, dann überarbeitet den Text.

4 Stellt euch die fertigen Haikus gegenseitig vor.
Sprecht so, dass man merkt,
dass eure Gedichte einen bestimmten Rhythmus haben.

Pronomen

Auf der Wiese

Schaf – Fell – dick – fressen …

Ein Schaf frisst frisches Gras. Es hat ein dickes Fell.

Grashalm – kriechen – Schnecke – langsam …

Eine Schnecke kriecht an einem Grashalm hoch. Sie ist sehr langsam.

Frosch – Gras – Wiese – feucht – hüpfen …

…

❶ Schreibe ähnliche Mini-Geschichten.

❷ Unterstreiche die Nomen und Pronomen.

Wörter, die man als Stellvertreter für Nomen und für Namen einsetzen kann, nennt man **Pronomen**.
Einzahl: ich, du, er, sie, es   Mehrzahl: wir, ihr, sie
Mithilfe von Pronomen können Sätze miteinander verknüpft werden.

Die Großfamilie der Heuschrecken

In Deutschland gibt es viele Arten von Heuschrecken. Diese gehören auch dazu:

der Grashüpfer,   die Grille   und das Heupferd.

Der Grashüpfer ist in ganz Deutschland verbreitet. **Er** ist gelb-grün bis rot-braun. **Er** ernährt sich wie alle Heuschrecken von Gräsern.

Die Grille hat einen gelb-braunen Körper. **Sie** ist lichtscheu und **sie** ist meistens in der Nacht aktiv. **Sie** zirpt sehr laut.

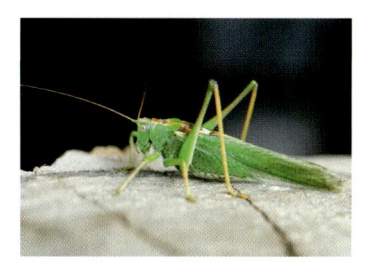

Das Heupferd hat einen grünen Körper. **Es** hat auf seinem Rücken manchmal eine Zeichnung. **Es** lebt in unseren Gärten, Wiesen und Wäldern.

Das Pronomen richtet sich nach dem Artikel des Nomens.
Das Geschlecht eines Nomens erkennst du an seinem Artikel.

der Grashüpfer	– **er**
die Grille	– **sie**
das Heupferd	– **es**
die Grashüpfer, **die** Grillen, **die** Heupferdchen	– **sie**

Das Heupferd

Eine einheimische Heuschreckenart ist **das grüne Heupferd**. ___ hat einen grünen Körper. **Der Kopf** des Heupferdchens ist rund. ___ ist ziemlich groß. **Das Heupferd** hat auch große Augen. Und ___ hat Fühler, die bis zu 5 cm lang werden können. **Die Flügel** sind hellgrün. ___ sind durchsichtig. Auch sind ___ sehr empfindlich. **Die Grille** ist eine Verwandte des Heupferdchens. ___ ist etwas größer und ___ zirpt sehr laut. **Der Grashüpfer** ist auch ein Verwandter. ___ sieht dem Heupferdchen sehr ähnlich. ___ hat je nach seiner Umgebung eine unterschiedliche Färbung.

❶ Ergänze die Pronomen.

Richtig schreiben – sicher schreiben

Wörter mit ie → 202

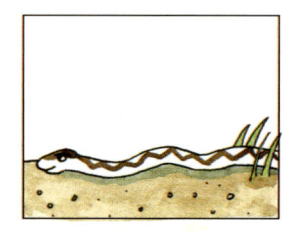

❶ Schreibe die Verben in der Grundform auf.

❷ Bilde Sätze mit der ich-Form oder der du-Form.

Reimwörter

> Dieb, Wiese, Ziege, lieb, probieren, nie, Fliege, Riese, verlieren, Stiele, vier, Liege, viele, Stier, Wiege, sie

❸ Bilde Reimpaare.

> Auf der Wiese toben viele Kinder. Dort spielen sie das Spiel: Die Riesen fangen die Zwerge. Es gibt z. B. sieben Riesen und sieben Zwerge. Wenn ein Riese einen Zwerg berührt hat, ist dieser gefangen und muss sich hocken. Die anderen Zwerge probieren, ihn zu erlösen. Niemand von den Zwergen möchte verlieren.

❹ Unterstreiche die Wörter mit **ie**.

Wörter, in denen das **i** lang klingt, werden sehr oft mit **ie** geschrieben.

Lernwörter-Training

Übe die Lernwörter so:

1 **2** **3**

4 Ordne die Lernwörter nach dem Abc.

5 Schreibe die Verben mit den Pronomen
ich du er auf.
ich sehe, du …

6 Die Zahl Vier und die Zahl Sieben
sind Zahlwörter.
Schreibe sie mit verwandten Wörtern auf.
vier, vierzehn, …

7 Schreibe die Nomen so in eine Tabelle:

Einzahl	Mehrzahl
die Wiese	…

Wiese
Natur
Biene
sehen
kriechen
sie
Blüte
Käfer
wiegen
viel
sieben
vier
Schmetterling
…
…

Übungstext mit Lernwörtern
→ 184

Auf der Wiese

Plötzlich ist es warm geworden.
Die Wiese sieht gelb aus.
Sie ist übersät mit Löwenzahn.
Bienen fliegen von Blüte zu Blüte.
Käfer und viele andere Tiere
krabbeln munter über Stock und Stein.
Die Grashalme wiegen sich im Wind.

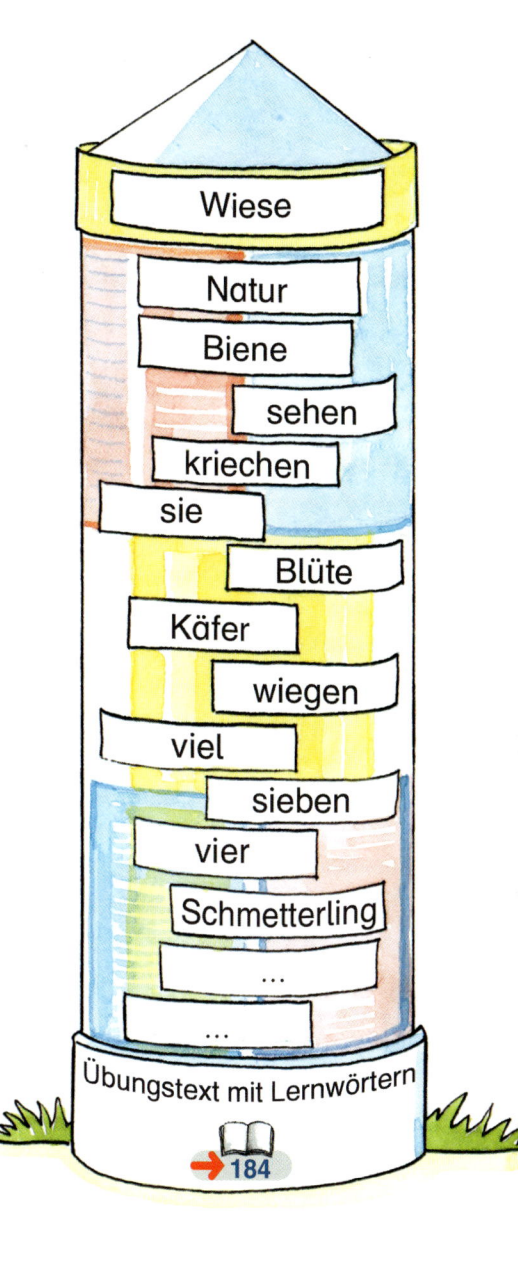

8 Unterstreiche alle Wörter mit **ie**.

9 Finde weitere Wörter mit **ie**. → 202

Tolle Knolle & Co

Ich nicht

Am Kuchenteller
war ein Dieb.
Wo ist das Stück,
das übrig blieb?

Ich war's nicht,
sagt das Känguru
und hält sich
seinen Beutel zu.

Jürgen Spohn

Rezepte:

Sie wünschen?

Käsekuchen mit viel Sahne...

...ich möchte eine Portion Sahne auf die MAUS..

„Salz ist unter allen Edelsteinen, die uns die Erde schenkt, der kostbarste."
- Justus von Liebig (1803 - 1873) deutscher Chemiker -

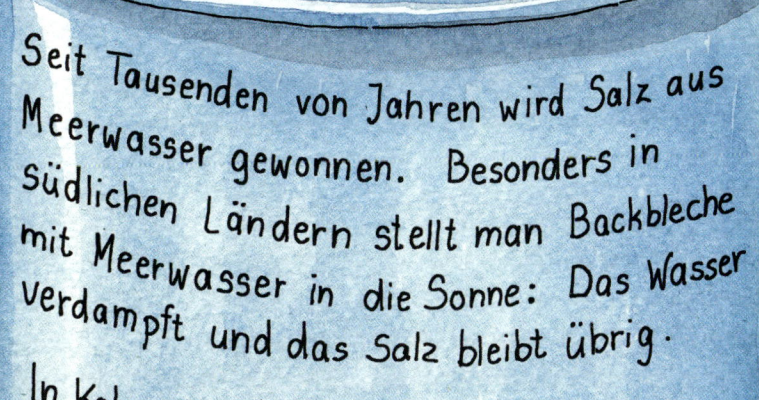

Seit Tausenden von Jahren wird Salz aus Meerwasser gewonnen. Besonders in südlichen Ländern stellt man Backbleche mit Meerwasser in die Sonne: Das Wasser verdampft und das Salz bleibt übrig.

In Kolumbien gibt es eine riesige Kirche aus Salz, 400 Meter unter der Erde. Selbst der Altar und die Pfeiler sind aus Salz. Im Licht lassen Millionen von Salzkristallen die Kirche strahlen und glitzern.

Zwei Hunde nehmen im neu eröffneten Tierrestaurant Platz und studieren die Speisekarte. Fragt der Ober: „Was darf's denn sein?" „Wir nehmen zweimal Bellkartoffeln."

„Wenn es nicht zu viel Umstände macht, hätten wir lieber zweimal Pommes mit Mayo..."

8 Tolle Knolle & Co

Geräusche

Karl Valentin sitzt in einem Restaurant und schlürft Suppe.
Herr Zissbideldip: Na, na, na, das ist ja allerhand,
wenn Sie schon nicht geräuschloser essen können,
dann nicht im Restaurant!
5 **Valentin:** Das würde ich schon machen,
aber meine Frau kann das Schmatzen und Schlürfen
und die sonstigen Geräusche der Mahlzeit nicht hören.
Herr Zissbideldip: So, Ihre Frau kann das nicht hören,
aber die fremden Leute im Restaurant, die neben Ihnen sitzen,
10 die müssen sich das anhören!
Valentin: Müssen nicht – die brauchen sich ja nicht um mich herumzusetzen.
Herr Zissbideldip: Wenn aber sonst kein Platz mehr da ist?
Valentin: Dann schon! – Sie sind eben ein empfindlicher Mensch!
Sie müssen doch auch auf der Straße gehen; da hören Sie den Straßenlärm,
15 die Autos knattern, oben in der Luft surren die Flieger …
Herr Zissbideldip: Sie werden doch nicht das Geräusch eines Flugmotors
mit Ihrem Schmatzen vergleichen wollen!

Valentin: Selbstverständlich nicht!
Das ist doch tausendmal lauter! –
20 Da – haben Sie's soeben gehört!
Der Herr da drüben hat geschnäuzt!
Warum beschweren Sie sich nicht
über das Nasengeräusch?
Herr Zissbideldip: Ja, ich kann doch
25 dem Herrn das Schnäuzen nicht
verbieten!
Valentin: So, das können Sie nicht!
Aber mir wollen Sie das Essen
verbieten!
30 **Herr Zissbideldip:** Das Essen nicht! –
Über Ihr Schmatzen hab ich mich
aufgeregt, und das mit Recht!

Valentin niest.

Herr Zissbideldip: Zum Wohl! Gesundheit!

35 **Valentin:** Was wollen Sie mit der dummen Bemerkung?

Herr Zissbideldip: Nun ja, wenn jemand niest, so sagt man zu demjenigen, der genossen hat, Gesundheit!

Valentin: Das finde ich aber sehr komisch! Zu einem Nasengeräusch, das eigentlich nicht sehr hygienisch ist, sagen Sie: Gesundheit!
40 Und über das Schmatzen beim Essen regen Sie sich auf.

Karl Valentin

❶ Tragt den Text mit verteilten Rollen vor.

❷ Spielt die Szene.

Tischsitten im Mittelalter

Im Mittelalter aß man selbst bei feinen Leuten mit den Fingern. Fleisch und Gemüse nahm man sich aus Schüsseln, die auf dem Tisch standen, und tunkte es in Soßen oder Gewürze. Oft teilte man sich mit dem Tischnachbarn oder der -nachbarin das Trinkgefäß und den Löffel.
Mit dem Löffel aßen alle aus der in der Mitte stehenden Schüssel.

So lauteten Tischregeln:
- Lange Fingernägel sind nicht erlaubt, weil sie Krätze verursachen.
- Haltet den Platz vor euch sauber.
- Allen Abfall (Käserinden, Obstschalen) legt an die hierfür bestimmte Stelle.
- Werft Knochen unter den Tisch, aber nahe an die eigenen Füße, ohne jemanden zu verletzen.
- Bei Tisch kratzt euch nicht und spuckt nicht über den Tisch.
- Die Zähne dürfen nicht mit der Messerspitze gesäubert werden.
- Tut Salz auf euer Brot und taucht nicht das Fleisch ins Salzfass.

❸ Sucht Gründe für die mittelalterlichen Tischsitten.

❹ Welche Tischregeln gelten bei dir zu Hause? Schreibe sie auf.

Die Kartoffel – ein Grundnahrungsmittel

Die Heimat der Kartoffel ist Südamerika.
Kartoffeln standen schon vor 8.000 Jahren
bei den Inkas auf dem Speisezettel.
Papas, wie sie die Wildkartoffeln nannten,
5 wuchsen auch noch in 4.000 Meter Höhe.

Puka Papa, Papa Negra, Papa Rosa:
In ihrer Ursprungsregion in den Anden
gibt es rund 3.000 Kartoffelsorten.
Pechschwarz sind sie, auch dottergelb oder auberginefarben,
10 winzig klein oder mächtig groß, rund oder krumm.

Die spanischen Eroberer brachten die Kartoffel mit
nach Europa.
Aber erst durch die Hungersnöte im 17. Jahrhundert
interessierte man sich für die Kartoffel als wertvolles Nahrungsmittel.
15 Doch in Europa war man es nicht gewohnt,
unterirdisch wachsende Knollen zu essen.
Viele verspeisten die Früchte oder das Kraut der Pflanze
und vergifteten sich schwer.

Der Name Kartoffel ist von dem italienischen tartuffolo –
20 Trüffel – abgeleitet.
Weil die genießbaren Knollen der Kartoffel unter der Erde wachsen,
wurde die Kartoffel auch Erdapfel, Erdbirne oder Grundbirne genannt.

Vor 50 Jahren war es noch sehr mühsam,
die Kartoffeln zu ernten.
25 Sie mussten von Hand aufgesammelt werden.
Deshalb halfen die Kinder bei der Kartoffelernte.
Dafür gab es im Herbst extra die sogenannten „Kartoffelferien".
Heute braucht hierzulande niemand mehr die Kartoffeln
vom Feld aufzuheben.
30 Die ganze Arbeit wird von Maschinen erledigt.

Erika Altenburg

patata – Spanien
potato – England 
batata – Portugal 
patates – Türkei 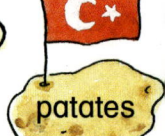
aardappel – Niederlande 
pomme de terre – Frankreich 

❶ Die Kartoffel hat viele Namen. Welche kennst du?

❷ Es gibt viele Sorten Kartoffeln. Welche findest du im Text? Kennst du noch andere Sorten?

❸ Finde heraus, welches Gemüse unter der Erde und welches Gemüse über der Erde wächst.

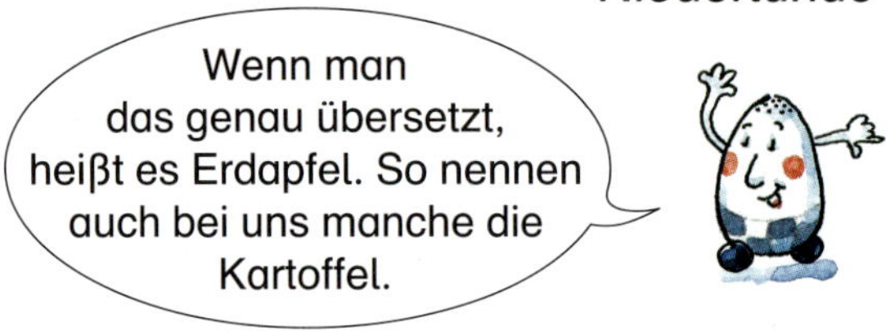

> Wenn man das genau übersetzt, heißt es Erdapfel. So nennen auch bei uns manche die Kartoffel.

Kartoffeln aus dem Topf

Pellkartoffeln (mit oder ohne Quark)

Für 2 Portionen braucht man:

6–8 Kartoffeln

(je nach Größe und Appetit)

Butter, Salz

Für den Quark:

250 g Magerquark

4 EL Milch

Salz, Pfeffer, Zitronensaft

3 EL gehackte Kräuter, zum Beispiel Schnittlauch und Petersilie

1. Möglichst gleich große Kartoffeln aussuchen.

2. Die Kartoffeln unter fließendem kalten Wasser mit einer Bürste gründlich abbürsten.

3. Die Kartoffeln in einen großen Topf geben und so viel kaltes Wasser hinzufügen, dass sie gerade bedeckt sind.

4. Die Kartoffeln auf höchster Stufe zum Kochen bringen.

5. Wenn die Kartoffeln kochen, auf mittlere Stufe zurückschalten und die Kartoffeln 20 bis 35 Minuten kochen lassen.
Tipp: Eieruhr auf 20 Minuten stellen!

6. Während die Kartoffeln kochen, in einer Schüssel den Quark mit der Milch verrühren. So viel Milch nehmen, bis der Quark schön cremig ist!

7. Den Quark mit Salz, Pfeffer und ein paar Spritzern Zitronensaft abschmecken.

8. Die Kräuter in den Quark rühren.

9. Nach 20 Minuten testen, ob die Kartoffeln gar sind. Wenn ja: Die Kartoffeln abgießen und im offenen Topf ein paar Minuten abdämpfen.

● Man kann die Pellkartoffeln mit oder ohne Schale auch einfach mit Butter und etwas Salz essen.

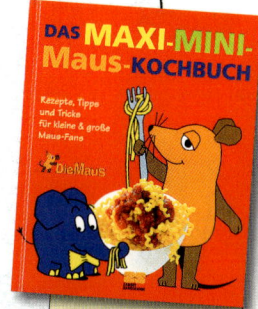

DAS MAXI-MINI-Maus-KOCHBUCH
Rezepte, Tipps und Tricks für kleine & große Maus-Fans
DieMaus

Es gibt viele Kochbücher für Kinder, in denen du weitere Kartoffelrezepte finden kannst.

❶ Stellt euch eure Lieblingsrezepte gegenseitig vor und macht daraus das Lieblingsrezeptbuch eurer Klasse.

Jörg lernt Kochen

Ich heiße Jörg. Meine Eltern sind geschieden und ich bin
bei meinem Vater geblieben. Mein Vater ist Lehrer.
Jeden Morgen gehen wir beide in die Schule, er in seine
und ich in meine.
5 Wer von uns zuerst nach Hause kommt, der setzt das Essen auf.
Früher mochte ich nicht kochen. Ich fand es viel zu schwierig.
Mein Vater hat es mir auch nicht zugetraut. Ich musste immer
auf ihn warten und manchmal dauerte es eine Ewigkeit,
bis es Mittagessen gab.

10 In den Ferien waren wir vierzehn Tage an der Ostsee.
Hinterher bin ich zu meiner Oma gefahren und meine Oma hat gesagt:
„Ich weiß wirklich nicht, warum du dich so anstellst.
Kochen ist doch keine Zauberei. Ich bringe es dir bei, wenn du willst."
Zuerst wollte ich nicht. Aber zwei Tage später haben wir
15 doch damit angefangen.
Da zeigte mir meine Oma, wie man Spaghetti und Tomatensoße macht.
Ich habe einen Topf mit Salzwasser auf den Herd gestellt.
Dann, als es blubberte, kamen die Spaghetti hinein, und nach
zehn Minuten Kochen waren sie weich. Ganz einfach, wirklich.
20 Nur mit der Tomatensoße konnte ich nicht fertig werden.
Es hat ziemlich lange gedauert, bis ich das schaffte.

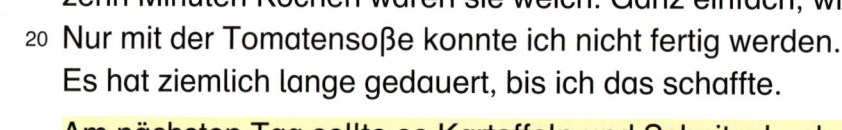

Am nächsten Tag sollte es Kartoffeln und Schnitzel geben.
Das eine Schnitzel habe ich gebraten und das andere meine Oma.
Ich habe genau hingeguckt und ihr jeden Handgriff nachgemacht.
25 „Du hast Talent zum Kochen, Jörg", sagte meine Oma.
„Papa wird staunen."

Von da an brachte sie mir jeden Morgen etwas Neues bei.
Sie nähte mir auch eine grüne Schürze mit einem roten Kochlöffel
darauf, die band ich in der Küche um. Allmählich machte mir das
30 Kochen sogar Spaß. Nur wenn etwas schiefging, ärgerte ich mich.
Und zuerst ist dauernd etwas schiefgegangen. Einmal habe ich Salz
statt Zucker in den Pudding gestreut. Zwei volle Esslöffel! Und einmal,
als meine Oma zum Einkaufen war, sind mir die Kartoffeln angebrannt.
Das hat furchtbar gestunken.
35 Die Kinder im Haus fanden es komisch, dass ich kochen lernte. „Wie
ein Mädchen!", sagten sie. Aber ich habe ihnen einen Vogel gezeigt.

Mein Vater kann auch kochen. Überhaupt sind die besten Köche Männer, hat meine Oma gesagt.
Von wegen Mädchen!

40 Am Ende der Ferien hatte ich eine Menge gelernt: Gemüsesuppe, Pfannkuchen, Kartoffelsalat mit Würstchen, Reisauflauf und noch mehr. 
Für alles hat mir meine Oma das genaue Rezept aufgeschrieben, damit ich es nicht wieder vergesse. Und meinem Vater haben wir
45 nichts verraten.

Am ersten Schultag war bei uns schon um zehn Schluss.
Da bin ich nach Hause gerannt und habe gekocht: Spaghetti mit Fleischsoße und als Nachtisch Schokoladenpudding. Mein Vater hat vielleicht gestaunt! „Mann, Jörg", hat er gesagt, „das schmeckt toll.
50 Du könntest direkt Koch werden." Aber ich will lieber Lehrer werden, so wie er.

Irina Korschunow

❶ Notiere, welche Gerichte Jörg während der Zeit bei seiner Oma kocht.

❷ Welche Missgeschicke sind Jörg bei der Zubereitung von Speisen passiert?

❸ Möchtest du auch kochen lernen? Begründe deine Meinung.

Uli Stein

Texte verstehen

Lieb wie das ▬

Ein König hatte drei Töchter. Eines Tages kam er auf den Gedanken,
ihre Liebe zu erproben. Und er sprach zu ihnen: „Kinder, wie lieb habt ihr mich?"
„Ich liebe dich wie das Gold", sagte die erste. „Meine Liebe zu dir gleicht einem
Diamanten", versetzte die zweite. Die dritte sah ihn an und sprach:
5 „Mein Vater, du bist mir so lieb und unentbehrlich wie das ▬."
„Wie das ▬, das gewöhnliche ▬?", rief der König enttäuscht; und er
geriet so in Zorn, dass er seine jüngste Tochter verstieß und aus dem Hause jagte.

Da wanderte das Mädchen in die weite Welt. Über Berg und Tal. Bis sie in die Stadt
eines anderen Königs gelangte. Dort bat sie um eine Arbeit. „Was kannst du?",
10 fragten sie. „Noch nichts. Ich möchte kochen lernen."
Der Koch nahm sie mit in die Küche.
Hieß sie Töpfe auswaschen, Gemüse putzen und ihm beim Kochen zur Hand sein.
So arbeitete und lernte sie und wurde schließlich Köchin.

So prüfen wir, ob wir einen Text verstanden haben:

1 Lies den Text.

2 Überlege, was du erfahren hast.

3 Lies den Text noch einmal und überlege,
was an dieser Stelle ▬ ergänzt werden muss.
Entscheide dich für ein Wort.

140

Wir ergänzen ein fehlendes Wort in einem Text

Da geschah es eines Tages, dass ihr Vater jenen König besuchte.
15 Das Mädchen, das davon hörte, kochte das Mittagessen.
Sie bereitete alles ohne ▢▢▢ zu; und in die Suppenschale, die für
ihren Vater bestimmt war, legte sie ihren Fingerring.
Als nun die Speisen aufgetragen wurden,
schmeckten und schauten alle entsetzt.
20 Das Essen schmeckte nach nichts.
„Pfui! Wer hat heute gekocht?", rief der Gastgeber empört.
Der Gast, der den Ring fand, aber bat bewegt: „Bringt mir das
Mädchen." Da trat seine jüngste Tochter herein.
„Verzeih, Kind", sprach er zu ihr. „Du hast es mir bewiesen.
25 Das Liebste und Wertvollste auf der Welt
ist das, was wir nicht entbehren können."
Und er schloss sie in seine Arme
und reiste mit ihr nach Haus.

Afrikanisches Märchen

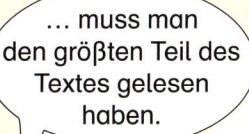

Bevor man die Lösung finden kann, …

… muss man den größten Teil des Textes gelesen haben.

4 Begründet eure Entscheidung.
Zeigt die passenden Stellen im Text.
Überprüft, ob ihr richtig entschieden habt.

5 Bildet Gruppen und vergleicht eure Ergebnisse.
Prüft, welche Ergänzung richtig ist, und begründet dies.

Sprechen und zuhören

I want my dinner

"I WANT MY DINNER!"

"Say PLEASE," said the Queen.

"I want my dinner … please."

"Mmmmm, lovely."

Tony Ross

So üben wir höfliches Bitten:

1. Überlege erst und sprich dann:
   - Wie empfinden die anderen, was ich sage?
   - Wie kann ich etwas so sagen,
     dass die anderen es als angenehm empfinden?
   - Wie trage ich dazu bei, dass die Atmosphäre gut ist?

2. Erprobt im Rollenspiel, auf wie viele verschiedene Arten man höflich um etwas bitten kann (beim gemeinsamen Frühstück …).

Wir machen ein Rollenspiel

Reich mir bitte mal das Salz!

Schon wieder kein Salz auf dem Tisch!

Wo ist das Salz?

Her mit dem Salz!

Nicht nur das Sprechen ist wichtig für höfliches Bitten.

Denk an die „Zauberwörter".

3 Berichtet einander, wie die verschiedenen Äußerungen auf euch gewirkt haben.

4 Sucht Gründe, warum das so war.

5 Sucht weitere Beispiele für höfliches Bitten (das Fenster öffnen, etwas tragen helfen, eine Aufgabe übernehmen, …).
Erprobt sie in einem neuen Rollenspiel.

Zu einem Bild schreiben

Vincent van Gogh: Korb mit Kartoffeln

❶ Entscheide dich für ein Bild und schreibe dazu einen Text.

❷ Lest euch die Texte gegenseitig vor.

❸ Ordnet sie nach Textsorten.

Satzschluss-Zeichen

Machen Nudeln dick

Das stimmt nicht Nudeln enthalten kein Fett dick machen allenfalls die Sahnesoßen, die viele dazu essen

Machen Nudeln stark

Das ist richtig Nudeln enthalten viele Nährstoffe der Körper wandelt sie besonders schnell in Energie um

❶ Ergänze die Satzschluss-Zeichen. Schreibe die Satzanfänge groß. → 196

❷ Stellt euch gegenseitig noch mehr Fragen zum Thema **Nudeln.**
Bücher und das Internet können euch helfen, Antworten zu finden.

Redensarten vom Essen

Das ist etwas für den hohlen Zahn

Hätte ich mir lieber auf die Zunge gebissen

Gönnst du mir das Salz in der Suppe nicht

Beiß doch mal die Zähne zusammen

Manchmal muss man in den sauren Apfel beißen

Friss nicht alles in dich hinein

Manchmal sagt man etwas, was nicht wörtlich gemeint ist.

❸ Welche Satzschluss-Zeichen fehlen?
Lies jeden Satz mit der richtigen Betonung vor.

❹ Was könnten die Redensarten bedeuten?

❺ Sucht euch eine Redensart aus.
Denkt euch eine Situation aus und spielt sie.

Ja, wenn man sagt: „Du spinnst wohl", hat das nichts mit einem Spinnrad zu tun.

Richtig schreiben – sicher schreiben

Wörter mit tz und ck → 201

Plätzchen, lecker!

Frühstück für die Katzenklasse

Die Tischgruppe von Kemal, Fritz, Nick, Samira, Marie und Jana plant ein Frühstück für die ganze Klasse.
Samira will Nussplätzchen mitbringen. Sie hat sie selbst gebacken aus Mehl, Butter, Zucker und gehackten Nüssen.
Fritz mag zum Frühstück auch Eier mit Speck.
Kemal will lieber knackige Radieschen mitbringen.
Jana sagt: „Knackige Radieschen sind echt lecker.
Speckpfannekuchen schmecken mir überhaupt nicht."
Darauf Marie: „Wie wäre es mit frisch gepflückten Erdbeeren?"
Am Ende wird es ein schönes, abwechslungsreiches Frühstück.

❶ Suche alle Wörter mit **ck** und **tz** aus dem Text und schreibe sie auf.

❷ Markiere **ck** und **tz**.

hacken, backen, Plätzchen, Zucker, schmecken, schlecken

schmatzen, verschlucken, ausdrücken, pflücken, auskratzen, knackig, abschrecken, Speck, lecker, Frühstück

❸ Sprecht euch die Wörter gegenseitig vor. Was fällt euch auf?

❹ Schreibe die Wörter auf und markiere den kurzen Vokal, **ck** und **tz**.

Vor ck oder tz steht in der Regel ein kurzer Vokal.

Lernwörter-Training

Übe die Lernwörter so:

❶   ❷   ❸

❹ Sortiere die Lernwörter nach Nomen, Verben und Adjektiven.
Nomen: das Obst, …

❺ Suche zu jedem Nomen ein zusammengesetztes Nomen.
Obst   – Obstsalat
Nudel – …

❻ Schreibe mit jedem Verb einen Satz.

> gesundes essen kann lecker schmecken für das frühstück in der schule ist knackiges obst und gemüse toll selbst gebackene plätzchen sind auch lecker, aber sie enthalten viel zucker zum mittagessen kocht meine oma oft nudeln manchmal macht sie nach ihrem geheimrezept kartoffelsalat mit gebratenem speck

❼ Denke daran, die Nomen und Satzanfänge großzuschreiben.
Setze die Punkte.

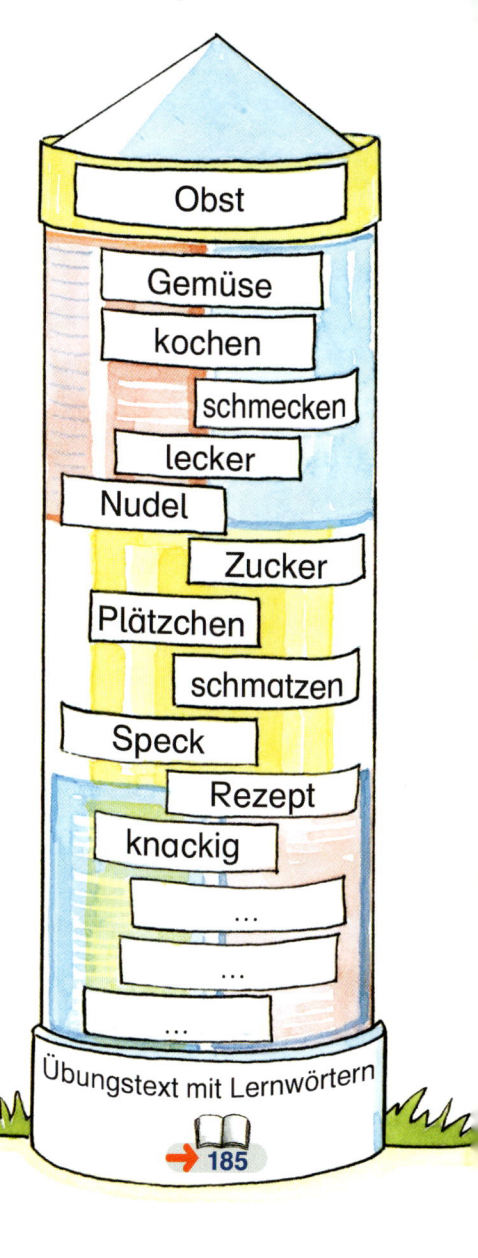

Obst
Gemüse
kochen
schmecken
lecker
Nudel
Zucker
Plätzchen
schmatzen
Speck
Rezept
knackig
…
…
…

Übungstext mit Lernwörtern
→ 185

TECHNIK mit Köpfchen

Manchmal wär ich gern
ein Erfinder.
Ich erfinde dann wichtige Sachen
gegen den Krieg
und gegen den Hunger
und gegen Krankheiten.
Aber ich erfinde auch
lustige Dinge für mich selbst.
Im Sommer baue ich
eine automatische Eimerdusche
zur Abkühlung.
Wenn es heiß wird,
zieh ich einfach an der Schnur.

Erhard Dietl

Der Flaschenzug

Einen schweren Eimer Wasser
aus einem tiefen Brunnen zu ziehen,
ist eine kraftraubende Arbeit.
Sie wird erleichtert, wenn das Zugseil
vom Eimer über eine Rolle
oberhalb des Schachts geführt wird.
Dadurch ändert sich die Zugrichtung –
statt herauf zieht man
von oben nach unten.

Trick:

Ballon in der Flasche

Versuche doch mal, einen Ballon in der Flasche aufzublasen. Es wird dir nicht so ohne Weiteres gelingen. Sobald sich der Ballon etwas mit Luft gefüllt hat, stößt er an die Innenwand des Flaschenhalses und dichtet die Flasche dadurch ab. Wenn du nun weiter in den Ballon blasen möchtest, kann er sich nicht weiter nach unten ausdehnen, weil die restliche Luft in der Flasche nicht mehr entweichen kann.

Dabei ist es wirklich ganz einfach.

Du nimmst einen Strohhalm und schiebst ihn neben dem Ballon in die Flasche hinein. Nun kannst du den Ballon ganz leicht aufblasen und zuknoten. Dann ziehst du den Halm heraus. Durch den Halm entweicht beim Aufblasen die Luft aus der Flasche, sodass der Ballon sich ungehindert ausdehnen kann.

Axel Weiss

Kater Findus erfindet die attamatische Kaffeekanne

Weil Petterson den ganzen Tag lang im Schuppen an einer Erfindung arbeitet, langweilt sich Findus, sein Kater, … und hat plötzlich eine Idee …

Ich werde tatsächlich auch was erfinden, dachte er.
Irgendwas Attamatisches. Eine Weile dachte er darüber nach, was er
5 erfinden sollte. Dann entdeckte er die Kaffeekanne.
„Eine attamatische Kaffeekanne! Genau das brauchen wir!
Jetzt muss ich erst einmal nachdenken und mich am Ohr zupfen."
Er lief herum und ahmte Petterson nach,
wie er aussieht, wenn er nachdenkt.
10 … „Mhm", machte Findus und guckte nachdenklich zur Decke
und kratzte sich am Kinn. Da oben war ein Haken,
an dem die Lampe hing. Findus probierte aus,
wie weit er die Kaffeekanne kippen musste, bis etwas aus der Tülle kam.
Er wippte auf einem Stuhl, bis die Hinterbeine
15 vom Fußboden abhoben. „Genau …", sagte er nachdenklich. …
Er holte Schnüre aus dem Schrank und verknüpfte sie
kreuz und quer, oben am Lampenhaken, hinunter zur Kaffeekanne,
hinauf zur Gardinenstange, hinunter zum Stuhl …
Damit war er eine ganze Weile beschäftigt,
20 er knüpfte zusammen und knüpfte wieder auf.
Aber schließlich funktionierte es so, wie er es sich vorgestellt
hatte. Die hinteren Stuhlbeine schwebten ein Stück über dem
Fußboden. Wenn Findus den Stuhl hinunterdrückte, zog
die Schnur an der Kaffeekanne, sodass sie sich neigte
25 und ein wenig Kaffee herausfloss.
Wenn Petterson hereinkam und sich auf seinen Stuhl
setzte, würde seine Tasse sich ganz von
selbst mit Kaffee füllen. Im Augenblick hatte
Findus zwar vergessen, eine Tasse auf den Tisch zu stellen,
30 aber sonst war es eine gute Idee.
Aber dann fiel ihm ein, dass der Kaffee ja immer
weiterfließen würde, auch wenn die Tasse
schon voll war. Er musste sich also etwas
einfallen lassen, dass die Kaffeekanne sich
35 wieder aufrichtete, bevor die Tasse überlief.
Das war ein schweres Problem und Findus
musste eine Weile heftig nachdenken. Er war
jedoch ein besonders kluger Kater und holte eine

Wärmflasche aus dem Bett, goss das Wasser aus und versuchte, die Wärmflasche
aufzublasen, aber das ging nicht.
Da holte er einen Luftballon und aus dem Nähkästchen einen Korken.
Den Luftballon fabrizierte er in die Wärmflasche, blies ihn auf und verschloss
die Wärmflasche mit dem Korken. Er legte sie auf den Fußboden und
sprang darauf herum, bis der Korken mit einem Zischen herausschoss.
Genau, wie Findus es sich vorgestellt hatte.
Er blies den Luftballon noch einmal auf und legte die Wärmflasche unter
ein Stuhlbein. Dann holte er noch ein Brett, das er über die Wärmflasche legte.
Jetzt konnte es losgehen. Er stellte fünf Tassen auf ein Tablett
unter die Kaffeekanne. „So, in irgendeine Tasse wird der Kaffee schon laufen",
sagte Findus. „Jetzt ruf ich Petterson."
Aber da kam Besuch …
„Ist Petterson nicht da?" Die Frau reckte den Hals und spähte durch die offene Tür
in den Vorraum. Findus zog sie am Mantel zu dem vorbereiteten Stuhl.
Erstaunt betrachtete sie all die merkwürdigen Schnüre und Vorrichtungen und wollte
sich erst nicht setzen, aber Findus war eigensinnig.
Als sie sich vorsichtig setzte, begann der Kaffee in die Tasse zu plätschern.
Fasziniert beobachteten die Frau und Findus die attamatische Kaffeekanne.
Aber als sich die Frau mit ihrem ganzen Gewicht auf den Stuhl sinken ließ,
schoss der Korken mit einem lauten Zischen heraus. Erschrocken sprang sie hoch,
die Kaffeekanne richtete sich wieder auf und der Kaffee hörte auf zu fließen.
Genauso hatte Findus sich das gedacht! Er stand auf
dem Tisch und hüpfte vor Freude. Dann hielt er der Frau
stolz die Kaffeetasse hin. „Bitte schön, trinken Sie!"

Sven Nordquist

Katzenaugen und Reflektoren

Katzenaugen und Reflektoren

Wenn man nachts mit dem Auto unterwegs ist,
erscheinen im Licht der Scheinwerfer oft plötzlich
zwei hell leuchtende Punkte: die Augen einer Katze.
Wie kommt das?

5 Im Auge der Katze befindet sich die Netzhaut.
Darin sind viele Sehzellen.
Hinter der Netzhaut sitzt noch eine besondere Schicht von Kristallen.
Diese Schicht wirft das Licht durch die Netzhaut zurück.
Dabei trifft es noch einmal auf die Sehzellen.
10 Das Katzenauge kann so bei Dunkelheit das Licht besser ausnutzen.
Darum können Katzen nachts so gut sehen.

„Katzenaugen" nennt man auch die Reflektoren an Fahrzeugen,
wie zum Beispiel dem Fahrrad.
In diesen „Katzenaugen" sind viele kleine Würfellinsen,
15 die das Licht zurückwerfen. So kann man uns im Straßenverkehr
bei Dunkelheit besser sehen.

Nacht in der Wildnis

Zwei Augen funkeln.
Ein Tiger im Dunkeln!

Vier Augen:
Zwei!

Sechs Augen:
Drei!

Sie zwinkern uns zu:
Macht's gut, ihr dort!
Und gehen
auf leisen Sohlen fort.

Wer weiß, wie viel wacht,
wer weiß, wie viel sacht
rings um uns wandert
in samtener Nacht.

Josef Guggenmos

❶ Vergleicht die Texte.
Was ist ähnlich? Was ist verschieden?

Ein Verschluss mit K(n)öpfchen

I NEED YOU

Ein Oberteil mit einer Öffnung und ein Unterteil mit einer kleinen
Auswölbung in der Mitte, so kennt ihn schon jedes Kind,
den Druckknopf. Er ist schon über 100 Jahre alt.
Die Öffnung des Oberteils passt genau auf das Köpfchen des Unterteils.
5 Bei genauerer Betrachtung erkennst du in der Öffnung
einen Federdraht und am Köpfchen
eine schmale Einschnürung
vor der kugelförmigen Verdickung.
Wird der Knopf geschlossen, das heißt, werden
10 Unterteil und Oberteil zusammengedrückt,
rasten Kugel und Federteil mit einem hörbaren Klick ineinander.
Zum Öffnen der Verbindung werden
die beiden Teile auseinandergezogen
und lösen sich gegen den Druck der Feder.

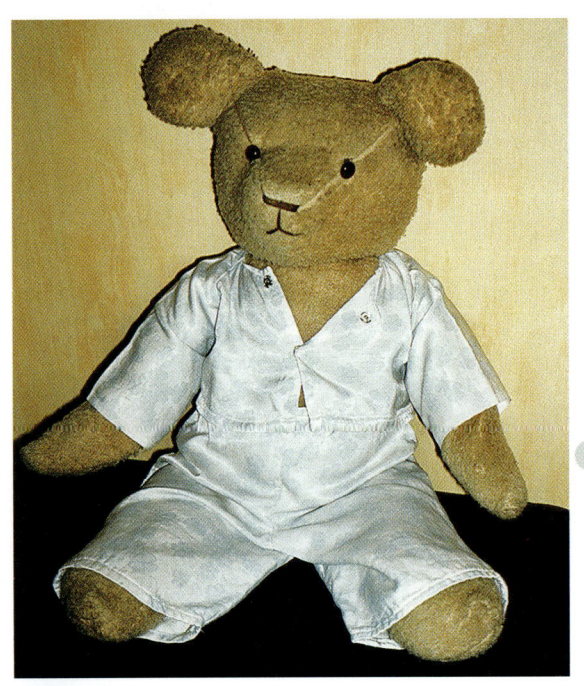

❶ Von welchem Verschluss ist hier die Rede?

❷ Entdeckst du den Verschluss am Teddy?

❸ „I NEED YOU" – Was heißt das? Was bedeutet dieser Satz hier?

❹ Überlegt, wo dieser Verschluss heute sonst noch überall vorkommt.

Die Feder, das Erfolgsgeheimnis dieses Verschlusses, ist auf den ersten Blick gar nicht zu erkennen.
Die Feder spielt hier aber eine ganz wichtige Rolle.
Was bedeutet das Wort „Feder" in diesem Zusammenhang?

So wie auf dem Bild dargestellt, hatte der Erfinder Hans Prym seine Idee aufgezeichnet.
Das Bild zeigt die Drahtfeder aus dem Oberteil des Druckknopfes.

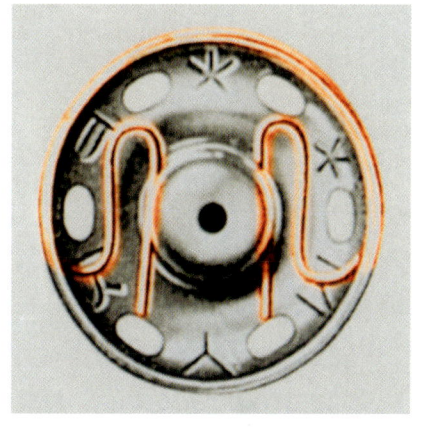

Auf diesem Bild kannst du erkennen, wie die Drahtfeder in den Druckknopf eingebaut ist.

Federdraht hat eine ganz besondere Eigenschaft:
Nach dem Verbiegen bewegt er sich immer wieder in seine ursprüngliche Form zurück.
Metallfedern aus Federdraht kommen in unserem Alltag sehr häufig vor.
Man sieht sie nur nicht immer auf Anhieb.

❶ Welche besondere Eigenschaft hat Federdraht?

❷ Überlege, wo in deiner Umgebung Metallfedern vorkommen.
   Was sollen diese bewirken?

155

Texte verstehen

Was bedeutet „leicht"?

Balance

Dass wir nicht bei jedem Schritt umfallen, das liegt daran,
dass wir ein Gefühl für unser Gleichgewicht ausgebildet haben.
Dieses Gefühl für unser Gleichgewicht sitzt
– kaum zu glauben – tief drinnen im inneren Ohr!
5 Dort gibt es so etwas wie kleine Härchen,
die sich bewegen,
wenn wir ins Schwanken geraten,
und schon heißt es aufpassen:
WACKELN, ABER NICHT UMFALLEN!
10 Wenn du versucht hast,
mit geschlossenen Augen auf einem Bein zu stehen,
dann hast du gemerkt, dass das nicht leicht ist.
Denn die Augen haben viel mit unserem Gleichgewicht zu tun
und die Muskeln und Gelenke natürlich auch.
15 Wir halten uns mit den Augen
an den Dingen um uns herum regelrecht fest.

So prüfen wir, ob wir einen Text verstanden haben:

1. Überlegt, was das Wort in der Sprechblase bedeuten kann. Schreibt Stichworte auf.

2. Lies den Text.

Wir finden heraus, was Wörter bedeuten können

Was bedeutet „Feder"?

Der Kugelschreiber

Wenn du schon mal einen Kugelschreiber auseinandergenommen hast, dann weißt du, was in seiner Plastikhülle steckt: eine Feder und eine Mine.
In dieser Mine ist eine ganz besondere Tinte – und zwar so viel
5 davon, dass man damit ungefähr einen ein Kilometer langen Strich machen kann.

Bevor der Kugelschreiber erfunden wurde, hat man eine Gänsefeder in flüssige Tinte getaucht und damit geschrieben.
Das hat manchmal fürchterlich gekleckst. Oder aber die Tinte ist
10 verwischt, weil es lange gedauert hat, bis sie getrocknet ist.
Außerdem war die Feder schnell leer geschrieben und man musste sie wieder in die Tinte tauchen.

3 Findet heraus, was das Wort im Text bedeutet.
Vergleicht mit euren Stichwörtern.

4 Bildet Gruppen.
Vergleicht eure Ergebnisse.
Begründet eure Entscheidungen.

Texte schreiben

Ich schreibe über den Flaschenzug und wie er funktioniert.

Ich möchte über das Katzenauge schreiben und beantworte die Frage: Warum leuchten Katzenaugen im Dunkeln?

Ich beschäftige mich mit den Mobiles von Alexander Calder.

Wenn du nicht ganz sicher bist, beschaffe dir Informationen aus Büchern oder aus dem Internet.

Beim sachbezogenen Schreiben möchte man etwas erklären.

Dabei geht es nicht um eigene Erlebnisse, Gefühle und Gedanken.

So schreiben wir einen Sachtext:

1. Wähle ein Thema.
   - Überlege genau: Worüber willst du schreiben? Was willst du erklären? Wem willst du etwas erklären?
   - Tipp: Notiere Stichworte zur Reihenfolge.
2. Schreibe deinen Text.
   Setze deine eigene Überschrift.

Wir schreiben einen Sachtext

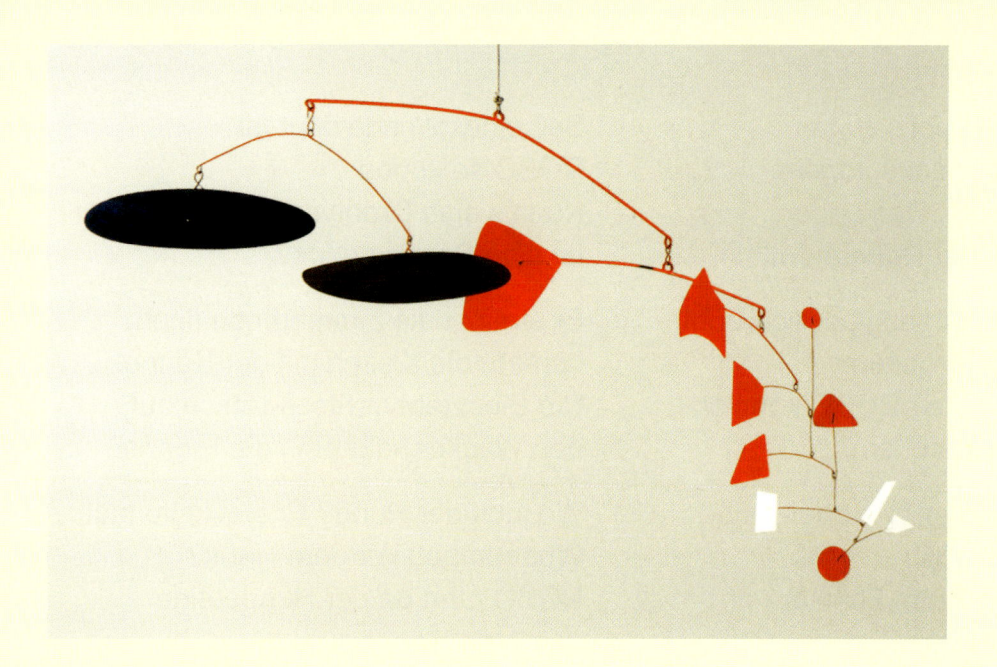

Kunstwerke aus Draht

Bei den Kunstwerken des amerikanischen Künstlers Alexander Calder spielt Draht eine wichtige Rolle.

Alle Teile dieser Plastik sind nur lose durch Drahtösen miteinander verbunden. Ganz ruhig schweben die Teile im Raum. Schon ein leichter Luftzug kann sie in Bewegung bringen.

Ein solches Kunstwerk nannte Calder „Mobile".
Das Wort „mobil" kennt man aus anderen Bereichen des täglichen Lebens, wie zum Beispiel das „Automobil" oder das „Mobiltelefon".

3 Stellt euch eure Texte gegenseitig vor:
- Was kann man sich besonders gut vorstellen?
- Kann man die Erklärung verstehen?
- Muss etwas am Text verändert werden?

4 Korrigiert die Rechtschreibung, bevor der Text veröffentlicht wird.

Verben in der Gegenwart

ROBO

In einem Haushalt gibt's zu tun
von früh bis spät, tagaus, tagein.
Doch uns geht's gut. Den Laden
schmeißt ROBO, der Roboter, allein.

Er kocht, er spült, er saugt, er schrubbt.
Für ihn gibt's kein Problem.
Wer wäscht das Auto? ROBO kann's! –
Wir machen's uns bequem.

Wer putzt die Fenster? Wer heizt ein?
ROBO! ROBO! ROBO!
Steigt einer nachts zum Fenster rein:
ROBO haut ihn k.o.!

Seit einer Woche aber ist
ROBO so kurios.
Kann's eine Drahtverschlingung sein?
Ist eine Schraube los?

Er streicht die Zimmerlinde flach,
begießt die Kissen mit der Kanne.
Die Eier zieht er ritsch-ratsch auf,
den Wecker haut er in die Pfanne.

Wo jault der Hund? Er steckt im Müll.
Was rumpelt vor dem Haus?
ROBO führt an der Hundeleine
den Abfalleimer aus.

Wir haben ROBO angeschafft –
jetzt ist er Herr im Haus.
Zum Teppich sagt er: „Guten Tag!"
Und uns? Uns klopft er aus!

Josef Guggenmos

❶ Schreibe auf, was ROBO im Haushalt alles richtig macht.
Unterstreiche die Verben.
ROBO kocht. Er …

❷ Schreibe auf, was ROBO im Haushalt alles falsch macht.
Unterstreiche die Verben.
ROBO streicht die Zimmerlinde flach. Er …

→ 192/193

Wenn wir von etwas sprechen, was jetzt geschieht,
stehen die Verben in der **Gegenwartsform**.

Verben in der Vergangenheit

Als ROBO noch in Ordnung war, ging es allen richtig gut.

ROBO hat
das Mittagessen gekocht.
Er hat täglich
das Geschirr gespült.
Er hat unser Auto
blitzeblank gewaschen.
Er ist zum Supermarkt gegangen.

ROBO kochte
das Mittagessen.
Er spülte täglich
das Geschirr.
Er wusch unser Auto
blitzeblank.
Er ging zum Supermarkt.

❶ Wie sind die Vergangenheitsformen in den beiden Texten gebildet?
Schreibe die verschiedenen Formen auf.
er hat gekocht – er kochte

Wenn ich bei *putzen* nachschlage, finde ich auch die Vergangenheitsform des Verbs.

❷ ROBO hat uns aber noch viel mehr Arbeit im Haushalt abgenommen.
Schreibe kleine Sätze in der Vergangenheit.
ROBO hat geschrubbt. – ROBO schrubbte.

| putzen | heizen | schreiben | hauen | saugen |

| laufen | abstauben | einkaufen | backen |

→ 192/193

Wenn wir von etwas sprechen, was schon geschehen ist, stehen die Verben in der **Vergangenheitsform.**

Richtig schreiben – sicher schreiben

Silbentrennung → 203

kau – fen
laufen
Schraube
Bäume
sauber
aufräumen
Mäuse
träumen

Scheu – ne
Feuer
heulen
teuer
reiten
Leute
Scheibe
meinen

In jeder Silbe muss ein Selbstlaut sein. Beispiel: Ta – fel, Buch.

Gibt es in einem Wort mehrere Mitlaute, rutscht nur der letzte in die nächste Silbe. Beispiel: An – ker, Kat – zen, Son – ne.

put – zen
blitzen
schützen
benutzen
kratzen
Tatze
setzen

rei – ßen
fließen
gießen
stoßen
grüßen
schließen
beißen

au und äu, eu, ei, ai und oi werden nicht getrennt.

Denk daran, ck, ch und sch kann man auch nicht trennen.

lus – tig
husten
rostig
Fenster
Muster
Kasten
Osten

Tas – se
Klasse
Kanne
Pfanne
Flagge
kommen
klettern

su – chen
backen
waschen
schmecken
lecker
kuscheln
lachen

❶ ROBO liest die Wörter in der Robotersprache vor. Sprich mit und klatsche dabei in die Hände.

❷ Schreibe die Wörter mit Trennstrichen auf.

---

singen, fangen, springen, Schlinge, wringen, Anhänger, Wange

❸ Und wie trennt man diese Wörter?

Lernwörter-Training

Übe die Lernwörter so:

❶   ❷   ❸

❹ Ordne die Lernwörter nach dem Abc.

❺ Bilde Sätze oder schreibe einen Text mit einigen Lernwörtern.

❻ Ordne die Lernwörter nach den Wortarten.
Nomen: der Knopf, …
Verben: …
Adjektive: …
sonstige Wörter: …

❼ Schreibe die Wörter mit Trennstrichen auf.

❽ Erfinder nutzen oft Dinge aus der Natur.

Sie haben entdeckt,
dass die Netzhaut der Katze plötzlich
leuchtet, wenn Licht darauf fällt.
Die Sehzellen werfen nämlich jetzt
dieses Licht wieder zurück nach außen.
Wenn es dunkel ist,
können Katzen deshalb
gut sehen und Mäuse jagen.
Und wir –, wir schlafen ruhig bis zum
Morgen.

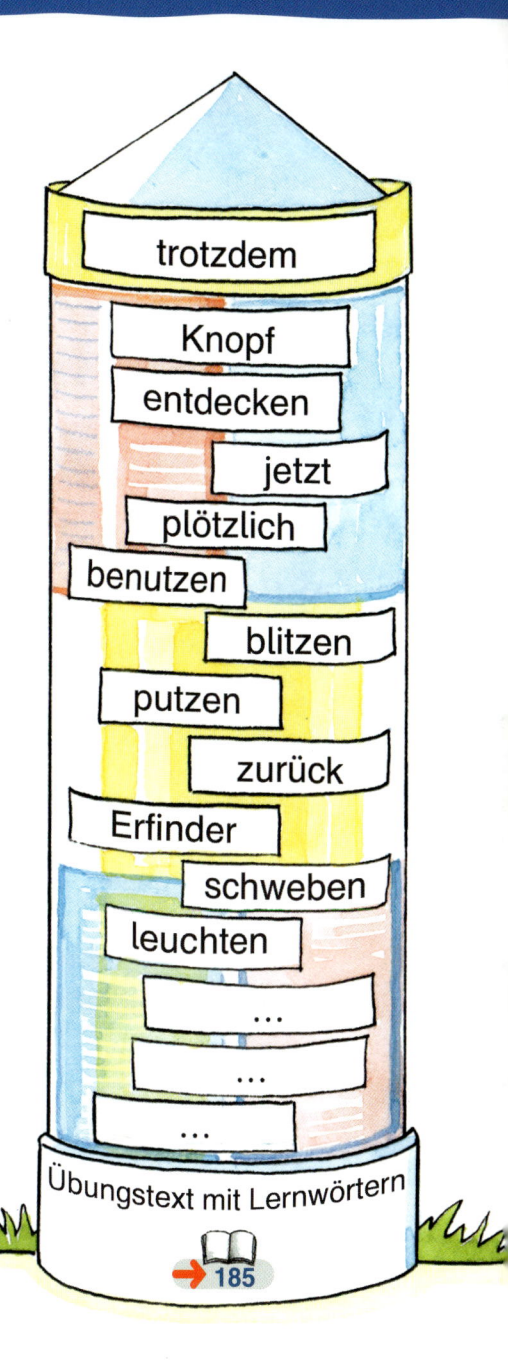

trotzdem
Knopf
entdecken
jetzt
plötzlich
benutzen
blitzen
putzen
zurück
Erfinder
schweben
leuchten
…
…
…

Übungstext mit Lernwörtern
➜ 185

Jahreszeitenkapitel

Das Jahr hat viele Gesichter

Wie viele Krokusse erblühen,
wenn der Frühling naht,
wie viele Regenwolken ziehen
vor der ersten Saat,
wie viele Amseln Lieder singen,
wie viele Quellen neu entspringen –
das alles weiß er nicht
und schreibt trotzdem ein Gedicht.

Wie viele Sommerwiesen duften,
wenn wir wandern gehn,
wie viele Bauern schwitzend schuften
und am Steilhang mähn,
wie viele Kinder schwimmen, tauchen,
wie viele Lagerfeuer rauchen –
das alles weiß er nicht
und schreibt trotzdem ein Gedicht.

Wie viele Nebelfahnen wehen,
wenn es herbstlich wird,
wie viele Weintrauben entstehen,
bevor die Kälte klirrt,
wie viele Rosskastanien fallen
und auf Autodächer prallen –
das alles weiß er nicht
und schreibt trotzdem ein Gedicht.

Wie viele Schneekristalle schweben,
zart wie ein Insekt,
wie viele Winterschläfer leben,
irgendwo versteckt,
wie viele Schlitten talwärts rasen,
wie viele rot gefrorne Nasen –
das alles weiß er nicht
und schreibt trotzdem ein Gedicht.

Denn eines weiß der Dichter:
Das Jahr hat viele Gesichter.

Georg Bydlinski

Jahreszeitenkapitel: Frühling

Rätsel

Ein Zauberer geht um,
ganz unsichtbar und stumm.
Von seinem warmen Atemhauch
erwachen Blume, Baum und Strauch
und alles drum herum.

Mit unsichtbarer Hand
bemalt er Stadt und Land.
Er braucht sich gar nicht abzumühn:
Ein Streicheln nur, schon leuchtet grün,
wo vorher Kahles stand.

Was ruht, das macht er wach,
wo's still war, macht er Krach:
Er baggert, scheppert, klirrt und brummt,
er lacht und zwitschert, rauscht und summt.

Christa Zeuch

Maler Frühling

Maler Frühling

Der Frühling ist ein Maler,
er malet alles an,
die Berge mit den Wäldern,
die Täler mit den Feldern:
Was der doch malen kann!

Auch meine lieben Blumen
schmückt er mit Farbenpracht:
Wie sie so herrlich strahlen!
So schön kann keiner malen,
so schön, wie er es macht.

O könnt ich doch so malen,
ich malt ihm einen Strauß
und spräch in frohem Mute
für alles Lieb und Gute
so meinen Dank ihm aus!

August Heinrich Hoffmann von Fallersleben

Was immer dich bekümmern mag,
vergiss es heut am Muttertag.
Hab ich dir manchmal wehgetan,
verzeih es, bitte, denk nicht dran!
Ganz leise will ich sagen dir:
Du bist die Allerliebste mir!

Maria Janner

Jahreszeitenkapitel: Sommer

Frau Maikäfer, flieg!

Es war einmal im Juli ein Maikäfer. Ja, ein Maikäfer, der war vom Frühling übergeblieben. Genau genommen war es eine Maikäferin. „Oh weh!", sagte sich die Maikäferfrau, „Ich habe zu lange gelebt. Ich habe zu lange gewartet, mir einen Maikäfermann zu suchen. Jetzt werde ich keinen mehr finden,
5 denn sie sind alle schon tot. Ich werde die Liebe nicht kennenlernen, keine Eier in die Erde legen und keine Kinder haben."

Freilich, im Leben einer Maikäferfrau
ändert sich nicht viel, wenn sie
keine Kinder hat, denn eine Maikäfermutter
10 sieht ihre Kinder nie.
Wenn die Engerlinge unter der Erde
aus den Eiern schlüpfen,
sind ihre Maikäfermütter und -väter
schon längst tot. Trotzdem war
15 die Maikäferfrau traurig und
sagte: „Ich habe ganz umsonst gelebt
und wenn ich gestorben bin, wird es so sein,
als ob ich nie gewesen wäre."
Die Maikäferfrau saß auf einem Apfelbaum und knabberte an einem Blatt.
20 „Eigentlich schmecken diese Blätter fürchterlich", sagte die Maikäferfrau, „ich habe schon zu lange Apfelbaumblätter gegessen." Und sie flog zum Nachbarbaum, um zu sehen, wie der schmeckte. Und dann flog sie zu einem anderen Baum und wieder zu einem anderen, sie hatte ja nichts zu tun und konnte es sich leisten, ein bisschen herumzunaschen.

25 So flog sie von Baum zu Baum und kam schließlich ans Meer. So etwas hatte die Maikäferfrau noch nie gesehen. „Na so was", sagte die Maikäferfrau, „so was Großes und Blaues!" Und sie sah Schiffe, die auf dem Meer hin- und herfuhren, und das hatte sie auch noch nie gesehen. Und sie flatterte auf eines der Schiffe und das Schiff fuhr mit der Maikäferfrau rund um die Welt, immer am Äquator entlang.
30 Und die Maikäferfrau sah Dinge, die noch nie ein Maikäfer gesehen hatte, Fische und Inseln und Wale und Luftmatratzen und Korallen und Surfbretter und Öltanker und Schwimmreifen und Pflanzen, die sie nicht anknabbern konnte, weil sie unter Wasser wuchsen.

Als das Schiff wieder in seinem Heimathafen ankam, waren Sommer, Herbst und
Winter vorbeigegangen, aber die Maikäferfrau hatte es nicht gemerkt, weil das Schiff
ja am Äquator entlanggefahren war, wo es immer warm ist. Die Maikäferfrau hatte
plötzlich wieder Appetit auf Apfelbaumblätter und verließ das Schiff und flog
von Baum zu Baum, bis sie wieder in ihrer Heimat war.

Und da war es Mai geworden und überall krochen die Maikäfer aus der Erde und
fielen über die Bäume her und begannen zu fressen. Und die Maikäferfrau erzählte
ihnen von ihren Abenteuern.
Voller Staunen hörten die Maikäfer
all diese Dinge, von denen noch nie
ein Maikäfer gehört hatte.
Endlich erfuhren sie etwas von der Welt.
Die alte Maikäferdame wurde
von allen bewundert und geehrt
und als sie starb, war sie zufrieden,
denn sie hatte nicht umsonst gelebt.
Im nächsten Jahr freilich war alles vergessen,
denn im Juli war auch der letzte Maikäfer gestorben, der noch etwas hätte erzählen können,
und aufschreiben können die Maikäfer ja nichts.

Martin Auer

Jahreszeitenkapitel: Herbst

Die Blätter fallen

Es ist nun der Herbst gekommen,
hat das schöne Sommerkleid
von den Wäldern weggenommen
und die Blätter ausgestreut.
Vor dem bösen Winterwinde
deckt er warm und sachte zu
mit dem bunten Laub die Gründe,
die schon müde gehn zur Ruh.

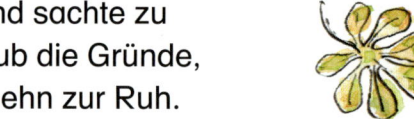

Joseph von Eichendorff

Herbstfeuer

Rings in allen Gärten,
   die im Tale sind,
rauchen nun die Feuer
   und der Herbst beginnt.

Fern ist nun der Sommer
   und der Blumenduft.
Rote Feuer lodern.
   Rauch steigt in die Luft.

Lobt den Lauf des Jahres
   und den Wechsel auch!
Blumen bringt der Sommer
   und der Herbst den Rauch!

Robert Louis Stevenson

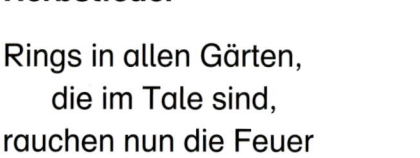

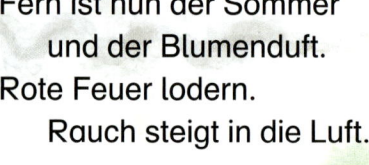

Der Zug geht ab …

Der Vogelzug!
Wenn sich der Herbst ankündigt, dann bekommen die Zugvögel Reisefieber.
Die Schwalben zum Beispiel. Aufgeregt fliegen sie eines Tages umher.
Die Vögel aus der ganzen Gegend treffen sich.
5 Bald ist es ein Schwarm.
Die vielen Schwalben sitzen auf den Drähten der Stromleitungen.
Das ist ein Gewimmel und ein Geflatter!
Plötzlich heben sie ab. Die Vögel fliegen ein paar Runden.
Dann kommt Ordnung in das Durcheinander.
10 Der Schwarm hat sich zum Vogelzug „aufgestellt".
Die weite Reise beginnt.

Du wunderst dich? Im September, wenn die Schwalben abreisen,
ist es doch noch gar nicht kalt bei uns! Es gibt genügend
Mücken und Fliegen zu fangen. Aber nicht mehr lange!
15 Bald verkriechen sich die Insekten. Dann müssten die Schwalben
bei uns verhungern oder hungrig auf die Reise gehen.
Aber die Schwalben sind Blitzmerker – und die anderen Zugvögel natürlich auch.
Obwohl die Blätter grün sind und die Sonne scheint, spüren die Vögel etwas.
Wenn du aufpasst, merkst du es auch: Die Sonne scheint
20 nicht mehr so lange wie im Sommer! Es wird morgens später hell
und abends früher dunkel. Diese Lichtveränderung
lässt bei den Zugvögeln eine „innere Uhr" läuten: Abreise!
Jede Zugvogelart hat einen ganz bestimmten Reisetermin.
Der Kuckuck verlässt uns schon im August.
25 Die Schwalben fliegen im September los. Ab nach Afrika.
Bis dorthin sind es viele tausend Kilometer.
Das Meer muss überflogen werden. Tag und Nacht sind die Vögel unterwegs.
Wie gut, dass sie vor der Reise noch genug gefuttert haben!

Josephine Bienath

Jahreszeitenkapitel: Herbst

Zugvögel

Es war einmal ein netter Kerl. Er hieß Arno. Arno liebte Tiere und Blumen und Käfer. In seinem Lieblingskäfer und mit seinem Hund Wolfgang machte Arno gern Ausflüge in die Natur. Arno versuchte zu helfen, wo er konnte.
Eines Abends, als Arno und Wolfgang von der Arbeit nach Hause kamen,
5 hörten sie einen Riesenkrach. Im Baum vor ihrem Haus saß ein Schwarm Vögel und zwitscherte sich die Seele aus dem Leib. Arno wusste sofort Bescheid. „Wolfgang", sagte er, „die Vögel haben den Vogelzug in den Süden verpasst. Wenn sie hier draußen bleiben, werden sie erfrieren. Wir müssen was tun!" Wolfgang bellte zustimmend, obwohl er sich fragte, warum es für Vögel wohl
10 Extrazüge gab.

Arno und Wolfgang beschlossen, den Vögeln Unterschlupf zu gewähren. Einen Vogel nach dem anderen holte Arno vom Baum und Wolfgang trug sie
15 in der Einkaufstasche die Treppe hoch. Es waren so viele, dass Arno und Wolfgang Stunden brauchten, bis sie alle in der Wohnung hatten.

Und dann wurde es laut. Sehr laut. Und
20 sehr eng. Arno und Wolfgang waren froh, dass es den Vögeln so gut ging. Aber vielleicht war die Wohnung doch ein bisschen zu klein für so viele Gäste. Die Vögel schien das nicht zu stören.
25 Sie sahen fern und kochten oder lasen und zwitscherten vor Glück.

Als Arno am nächsten Tag vom Vogelfutterkaufen kam, hatte Wolfgang sich mit der Katze Sigrid aus dem Erdgeschoss angefreundet. Arno mochte es erst gar nicht glauben. Die beiden konnten sich sonst
30 nicht leiden. Jetzt standen sie zusammen auf der Straße und schauten zu Arnos Wohnung hinauf. Aus der kam ein Höllenkrach.

Die Wohnung war zu klein, die Vögel waren zu laut
und Arno hatte eine Idee: Er teilte seinen Gästen mit,
dass er sie in den Süden fahren würde.
35 Dann packte er seinen Koffer. Die Vögel zwitscherten erst
vor Begeisterung, dann klatschten sie mit den Flügeln,
wie sie es im Fernsehen bei einem Sinfonie-Konzert
gesehen hatten. Für ein paar Minuten hörte man nur ein
vornehmes Rascheln in der Wohnung. Dann wieder Krach.

40 In Arnos Käfer machten sie sich auf die
Reise. Es war gar nicht so einfach,
die vielen Vögel in dem kleinen Auto
unterzubringen, doch alle rückten eng
zusammen. Im Süden angekommen,
45 verabschiedeten sich Arno und
Wolfgang von ihren Gästen und die
Vögel hatten Glück: Ein anderer
Schwarm machte dort gerade Pause,
dem schlossen sie sich an. Nach Afrika!

50 Arno und Wolfgang fuhren nach Hause und fast ein Jahr verging.
Doch eines Tages kamen sie nach Hause, es war wieder Herbst und da …
Was für eine Überraschung!

Nureeni Träbing

Die ganze Geschichte findest du hier.

Jahreszeitenkapitel: Winter

Sankt Martin

Da draußen weht der Wind so kalt,
ein Bettler sitzt am Winterwald,
mit Lumpen nur bekleidet.
Gar frohgemut und sorgenfrei
kommt eine Reiterschar vorbei.
Der Bettler Kälte leidet.

Sankt Martin führt die Rotte an,
ein großer, starker Reitersmann
auf einem stolzen Schimmel.
Ein Mantel hüllt ihn schützend ein
und Raben krächzend ihn umschrein.
Es schneit aus hohem Himmel.

Der Bettler streckt die Hand empor
und bittet um ein willig Ohr,
erhebt sich von der Erde.
Sankt Martin hält die Rosse an
und vor dem armen Bettelmann
stehn Reiter still und Pferde.

Und mittendurch im Augenblick
teilt er den Mantel in zwei Stück –
tät sich nicht lang besinnen –
und reicht die eine Hälfte dann
dem überraschten Bettelmann
und wendet sich von hinnen.

Die Reiterknechte, rau und grob,
sind still und ganz erstaunt darob
und hören auf zu scherzen.
Sankt Martin reitet schweigend fort.
Der Bettler ruft ein Dankeswort
aus überfrohem Herzen.

Sankt Martin, edler Reitersmann,
rühr du auch unsre Herzen an,
damit sie froh sich weiten;
dass mit dem Nächsten in der Not
wir gerne teilen unser Brot,
so jetzt und alle Zeiten.

Volksgut

Nikolaus, komm in unser Haus

Nikolaus, komm in unser Haus,
pack die große Tasche aus,
lustig, lustig, traleralala,
heut ist Nikolausabend da,
heut ist Nikolausabend da.

Nikolaus ist ein guter Mann,
dem man herzlich danken kann,
lustig, lustig, traleralala,
heut ist Nikolausabend da,
heut ist Nikolausabend da.

Ich stell meinen Teller auf,
Nikolaus legt bestimmt was drauf,
lustig, lustig, traleralala,
heut ist Nikolausabend da,
heut ist Nikolausabend da.

Volksgut

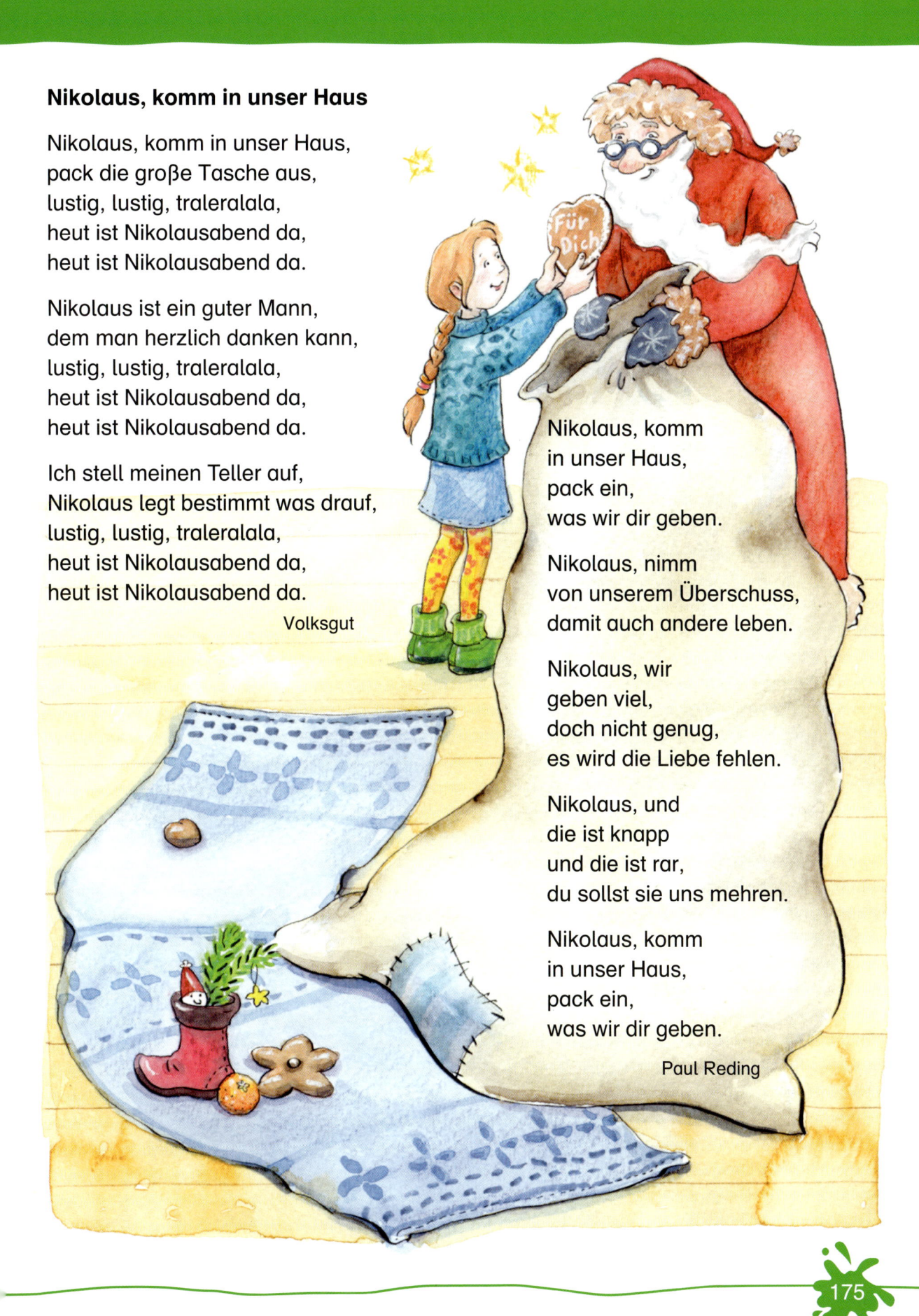

Nikolaus, komm
in unser Haus,
pack ein,
was wir dir geben.

Nikolaus, nimm
von unserem Überschuss,
damit auch andere leben.

Nikolaus, wir
geben viel,
doch nicht genug,
es wird die Liebe fehlen.

Nikolaus, und
die ist knapp
und die ist rar,
du sollst sie uns mehren.

Nikolaus, komm
in unser Haus,
pack ein,
was wir dir geben.

Paul Reding

Jahreszeitenkapitel: Winter

Der Weihnachtsbär – ein Weihnachtsspiel

Ihr könnt euer eigenes Weihnachtsschauspiel gestalten.
Das ist der Kern der Geschichte.

In der Vorweihnachtszeit werden in einem Spielwarenladen
alle neuen Spielsachen ausgepackt.
In vielen Kartons befinden sich elektronische oder aufziehbare Puppen,
automatische Tiere, Roboter usw.
In einem Karton ist ein Teddybär.
So einer, wie es ihn schon immer gab.
Die Verkäuferinnen und Verkäufer unterhalten sich
über die neuen Superspielsachen
und sind wenig begeistert von dem Teddybären,
der nichts Besonderes ist.

Dann kommen einige Kinder in den Laden, um sich
umzusehen und zu überlegen, was sie sich zu Weihnachten wünschen könnten.
Ein Kind findet den Teddybären besonders schön.

In der Nacht werden die Spieltiere lebendig.
Alle geben an, wie toll sie von den Kindern gefunden wurden.
Nur der Teddybär sagt wenig.

Am nächsten Tag kommt ein älteres Paar in den Laden,
um ein Geschenk für sein Enkelkind zu suchen.
Verkäuferinnen und Verkäufer empfehlen die Neuheiten.
Die beiden alten Leute finden den Teddybären aber besonders nett,
weil sie selbst so einen ähnlichen hatten.
Sie kaufen den Bären.

Am Weihnachtsabend wird der Bär verschenkt.
Das Kind, das den Bären auspackt,
ist das Kind, das ihn im Laden so besonders schön fand.
Das Kind freut sich ganz besonders.

❶ Überlegt, welche elektronischen Spielsachen ihr kennt.
Welche könnten in dem Stück vorkommen?
*Beispiele: eine sprechende Puppe; ein Papagei, der alles nachspricht;
ein Roboter; ein Drache, …*

❷ Jedes Kind entscheidet sich für eine Rolle. Probiert eine Szene aus.

❸ Sprecht frei und geht auf das ein, was andere Kinder in ihrer Rolle sagen.
Spielt euch gegenseitig die verschiedenen Szenen vor.

Überblick über die Szenenfolge

	Wer?	Wo?	Was passiert?
1. Szene	Verkäuferinnen Spieltiere: Puppe, Papagei, Drache, Roboter, Teddybär	Spielwarenladen	Verkäuferin packt aus, kommentiert
2. Szene	Verkäuferin, Kinder	Spielwarenladen	Kinder bewundern die Spielzeuge, bekommen sie vorgeführt
3. Szene	Spielzeuge	Spielwarenladen	Spielzeuge werden lebendig, geben an
4. Szene	Verkäuferin, Spielzeuge, Kunden (Oma und Opa)	Spielwarenladen	Großeltern suchen Geschenk, Vorführung der Spielzeuge, sie werden an die eigene Kindheit erinnert, Publikumsbefragung
5. Szene	Großeltern, Eltern, Enkelkind, Teddybär	Wohnung	das Geschenk wird überreicht, Freude, Bärenlied

❶ Überlegt nach dem ersten Ausprobieren, wie ihr die einzelnen Szenen ausgestalten könnt.

❷ Wenn ihr die einzelnen Szenen einige Male gespielt habt, legt ihr die Rollenbesetzung für die Vorführung fest.

❸ Überlegt, welche Kostüme und Requisiten ihr braucht.

❹ Spielt die Geschichte. Zu eurer Aufführung könnt ihr andere Kinder oder die Eltern einladen.

Weihnachten

Was würdest du machen, wenn Weihnachten wär
und kein Engel würde singen.
Es gäbe auch keine Geschenke mehr,
kein „Süßer die Glocken nie klingen".
5 Im Fernsehen hätte der Nachrichtensprecher
Weihnachten glatt vergessen.
Und niemand auf der ganzen Welt
würde Nürnberger Lebkuchen essen.
Die Nacht wäre kalt.
10 Dicke Schneeflocken fielen,
als hätt sie der Himmel verloren.
Und irgendwo in Afghanistan
würde ein Kind geboren.
In einem Stall, stell es dir vor.
15 Die Eltern haben kein Haus.
Was glaubst du, wie ginge wohl dieses Mal
eine solche Geschichte aus?

                            Jutta Richter

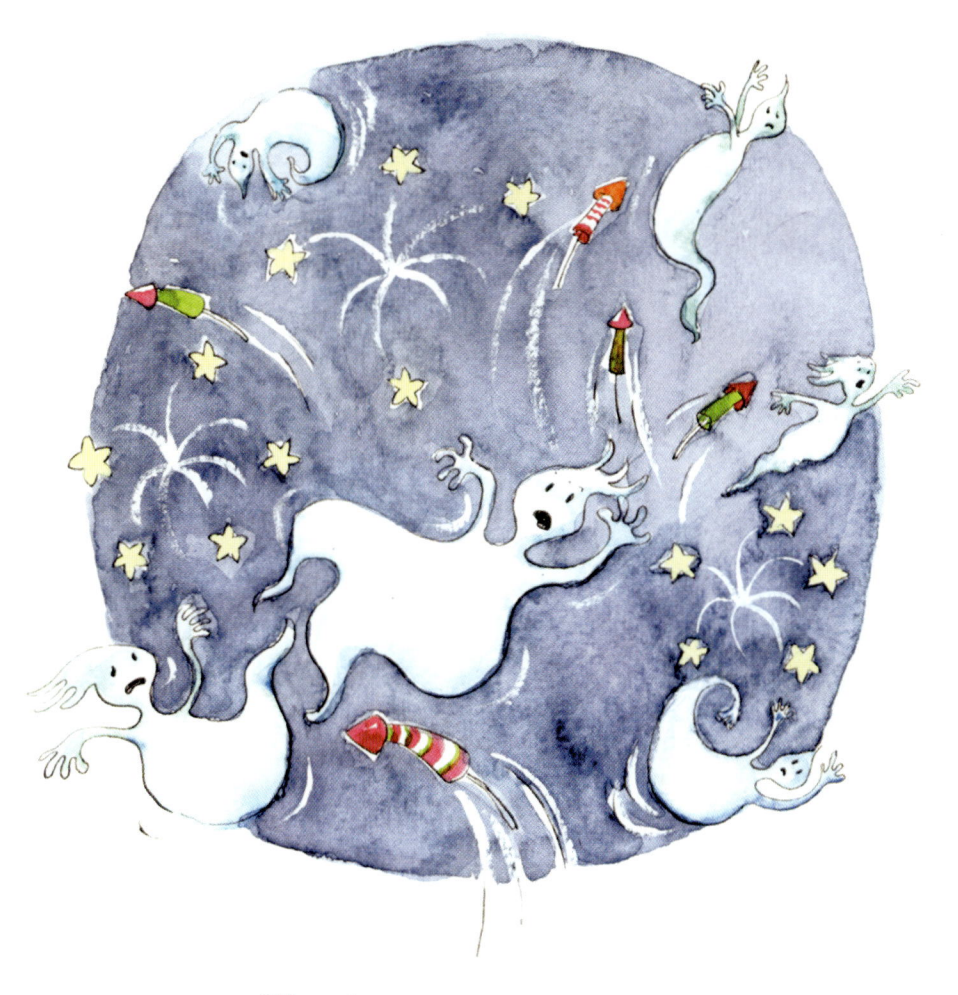

Silvester

Einen Tag noch hat das Jahr,
vierundzwanzig lange Stunden.
Was gewesen ist, das war.
Hab verloren, hab gefunden.
5 Hab geweint und hab gelacht,
bin auch manchmal hingefallen,
aber heute, heute Nacht
werden viele Böller knallen.
Böse Geister laufen fort.
10 Gute Geister bleiben da.
Und man wünscht an jedem Ort
sich ein frohes neues Jahr!

Jutta Richter

Jahreszeitenkapitel: Winter

Wo die Kälte herkommt

Ganz weit oben in Nordgrönland
sitzt auf einem Eisberg
die Kältehummel.
Sie ist zwanzigtausend Kilo schwer
5 und möchte gerne fliegen.
Ihre Flügel sind aber viel zu schwach.

Trotzdem lässt sie sie dauernd
auf und ab schwirren,
weil sie hofft, es gelingt ihr eines Tages doch.
10 Dadurch bewegt sie die eiskalte Luft so stark,
dass sie bis zu uns kommt.

Den ganzen Winter lang
übt die Kältehummel,
bis sie im Frühling erschöpft einschläft.
15 Zum Glück,
denn sonst hätten wir keinen Sommer.

Im Sommer schläft die Kältehummel
und träumt, sie könne fliegen.

Ein Schläuling, der nicht gerne fror,
20 schickte ihr einmal
ein großes Paket voll Schlaftabletten,
weil er hoffte,
sie schlafe dann auch im Winter.

Aber der Briefträger war ein Eisbär
25 und der war so neugierig,
dass er das Paket aufmachte
und alle Tabletten selber schluckte.

Seither wird in Nordgrönland
keine Post mehr ausgetragen,
30 denn der Eisbär schläft noch heute.

Und weil er der Einzige ist,
der weiß,
wo die Kältehummel wohnt,
kann niemand genau sagen,
35 wie es ihr jetzt geht.

Aber solang es jedes Jahr Winter wird,
können wir annehmen,
dass sie noch lebt.

Franz Hohler

Rechtschreib- und Grammatiktraining

Abschreiben nach den Abschreibregeln

So schreibst du einen Text richtig ab:

1. **Lies** einen Satz **genau** und sprich deutlich mit.
2. **Merke** dir **besondere Wörter**.
3. **Decke** so viele Wörter **ab**, wie du dir merken kannst.
4. **Schreibe** und sprich die Wörter leise mit.
5. **Vergleiche genau**.
6. Ist ein Wort **nicht richtig** geschrieben, streiche es durch und schreibe es **neu**.

Wenn der Satz zu lang ist, dann merke ich mir immer einen Teil des Satzes.

Was tun in der Freizeit?

Viele Kinder können sich nur schwer für eine Freizeitbeschäftigung entscheiden.
Manche Kinder spielen lieber Fußball, andere Kinder spielen lieber Handball.
Manche Kinder fahren gerne mit ihrem Fahrrad, andere Kinder reiten lieber.
Meistens gehört ein regelmäßiges Training mit zur Freizeitbeschäftigung.
Wenn man seine Freizeit mit Pferden verbringt, muss man die Tiere auch füttern
und bürsten. 39

Ferien in aller Welt

In den Ferien waren viele Kinder
in einem anderen Land.
Lisa konnte in England schon vieles
in der fremden Sprache verstehen.
Lukas war auf einen hohen Berg gestiegen.
Dort wehte ein kräftiger Wind
und es regnete heftig.
Seine Schuhe wurden ganz nass.
Zu Hause konnte er sie kaum ausziehen.
Pauls Ferien waren ganz anders.
Seine Eltern suchten Ruhe.
Sie haben mit Paul in der Nähe
eines Sees gezeltet. 21

Von Samtpfoten und Kratzfüßen

Am Tage lassen die Bauern ihre Hühner
und Hähne auf dem Hof herumlaufen.
Nachts werden sie
in einem verschlossenen Stall gehalten.
Manche Tiere jagen nämlich nachts
und schleichen um den Hühnerstall herum.
Sie kratzen an der Tür, schlagen ein Huhn
und nehmen ihre Beute mit.
Sie tragen sie in ihren Bau.
Das gefällt den Bauern nicht. 57

❶ Schreibe die Texte nach den Abschreibregeln ab.

Abschreibheft

So übst du einen Text mit deinem Abschreibheft:

1. **Stecke** den Abschreibtext in die Folientasche.
2. **Lies** einen Satz **genau** und sprich deutlich mit.
3. **Merke** dir **besondere Wörter**.
4. **Schreibe** den Satz in dein Heft und sprich die Wörter leise mit.
5. Nimm den Text aus der Folientasche und **vergleiche genau**.
6. Ist ein Wort **nicht richtig** geschrieben, streiche es durch und schreibe es **neu**.

Ich schreibe immer erst den ganzen Text, bevor ich vergleiche.

Alles im Kasten?

Marie ist heute sehr heiter.
Sie darf an Mutters Computer.
Marie hört, wie der Computer hochfährt.
Sie tippt auf das Programm, um ins Internet zu kommen.
Direkt öffnet sich ein Fenster mit Werbung für einen Film.
Marie tippt auf die Tastatur, um das Fenster zu schließen.
Doch plötzlich druckt der Drucker.
Der Computer stürzt ab.
Ob der Computer einen Virus hat?

75

Im Märchenland

Im Märchenland gibt es
fleißige Zwerge und faule Königstöchter,
mutige Schneider und ängstliche Räuber,
fröhliche Geißlein und traurige Wölfe,
hübsche Prinzessinnen und hässliche Enten.
In den Märchen können sie sich nicht treffen.
Aber im Märchenland, da kommen sie zusammen.
Dort tanzen und spielen sie gerne miteinander.
Und wenn die Märchenfiguren nicht gestorben sind,
dann leben sie noch heute.

95

❶ Übe die Texte mit deinem Abschreibheft.

Rechtschreib- und Grammatiktraining

Schleichdiktat

So übst du einen Text mit dem Schleichdiktat:

1. **Lies** einen Satz **genau** und sprich deutlich mit.
2. **Lege** den Text an eine Stelle im Raum.
3. Schleiche zu dem Text.
   Merke dir **besondere Wörter**.
4. Schleiche zurück zu deinem Platz.
   Schreibe und sprich die Wörter leise mit.
5. Schreibe so den ganzen Text.
6. **Vergleiche** deinen Text **genau**
   mit dem Abschreibtext.
7. Ist ein Wort **nicht richtig** geschrieben,
   streiche es durch und schreibe es **neu**.

Ich schleiche immer so leise, damit ich die anderen Kinder nicht störe.

Freundschaft oder Liebe?

Tom hat ein Geheimnis.
Immer wenn er mit Tina zusammen ist,
kribbelt es in seinem Bauch.
Heute war Tom mutig.
Er hat Tina gefragt,
ob sie zusammen schwimmen gehen.
Er hatte etwas Angst zu fragen,
Ein bisschen ärgert ihn das.
Am Nachmittag holt Tom Tina ab
und gibt ihr schnell einen Kuss.
Denn Tina ist Toms heimliche Liebe.

📖 113 ←

Auf der Wiese

In der Natur gibt es viel zu sehen
und zu entdecken.
Käfer krabbeln über die Wiese.
Raupen fressen Blätter.
Bienen fliegen von Blüte zu Blüte.
Eine Schnecke kriecht
unter dem Laub hervor.
Schmetterlinge sitzen auf den Blüten.
Sie wiegen sich im Wind.
Da kommt Sturm auf. Es regnet.
Viele Tiere suchen Schutz,
weil sie nicht nass werden wollen.
Nur die Schnecke freut sich.

📖 131 ←

❶ Übe die Texte als Schleichdiktat.

Partnerdiktat

So üben Flipp und Flo gemeinsam einen Text:

1. Flipp und Flo **lesen** den Text und **merken sich besondere Stellen.**

2. Flipp **diktiert langsam und deutlich** ein Wort oder mehrere Wörter.

3. Flo **hört genau zu** und **schreibt** dann das Wort oder die Wörter.

4. Flipp **schaut genau**, was Flo schreibt.

5. Flo **fragt** nach, wenn sie ein Wort nicht schreiben kann.

6. Sieht Flipp einen **Fehler**, sagt er sofort: „**Stopp**!"

7. Flo **streicht** das falsche Wort **durch, überlegt** und **schreibt** es **neu**.

8. Flipp und Flo **tauschen** ihre Rollen.

Lecker ohne Gemecker

Felix schmatzt vor sich hin.
Ihm schmeckt es richtig gut.
Knackiges Gemüse mit Speck
ist sein liebstes Rezept.
Zum Nachtisch gibt es Obst.
Die anderen am Tisch können gut
auf die Schmatzgeräusche verzichten.
Denn dabei schmeckt es nur noch
halb so lecker.
Am nächsten Tag werden Nudeln gekocht.
Felix schafft es,
seinen Mund geschlossen zu halten.
Nachher gibt es Plätzchen.
Dabei hätte er die Tischregeln
beinahe wieder vergessen.
So lecker sind die Plätzchen. 147 ←

Technik mit Köpfchen

Der Fotoapparat ist eine tolle Erfindung.
Mit ihm kann man die Welt
neu entdecken.
Die Linse muss aber
immer sauber geputzt sein.
Dazu benutzt man am besten
ein weiches Tuch.
Jetzt braucht man nur auf einen Knopf
zu drücken
und schon ist ein Foto gemacht.
Wenn man fotografiert,
muss man eine ruhige Hand haben.
Um in der Dunkelheit zu fotografieren,
wurde der Blitz erfunden.
Damit wird das Motiv
plötzlich hell beleuchtet. 163 ←

❶ Übt gemeinsam die Texte als Partnerdiktat.

Rechtschreib- und Grammatiktraining

Nachschlagen in der Wörterliste → 38

1. A ___ C   2. G ___ I   3. M ___ O   4. Q ___ S   5. T ___ V   6. V ___ X

❶ Welcher Buchstabe fehlt?

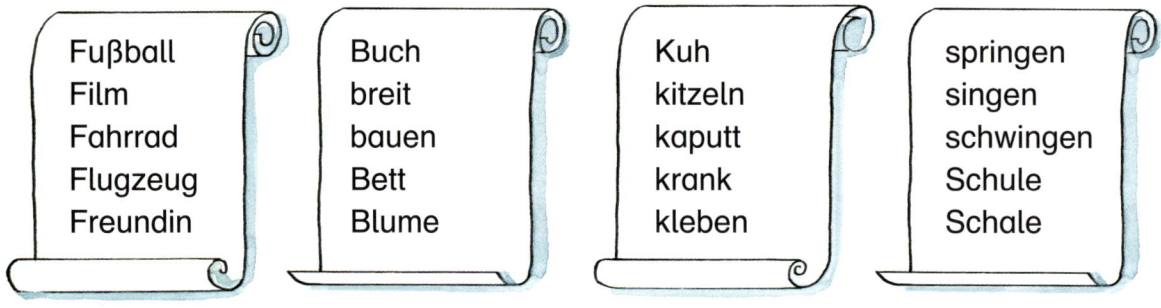

Fußball	Buch	Kuh	springen
Film	breit	kitzeln	singen
Fahrrad	bauen	kaputt	schwingen
Flugzeug	Bett	krank	Schule
Freundin	Blume	kleben	Schale

❷ Ordne die Wörter nach dem Abc. Schreibe sie geordnet auf.

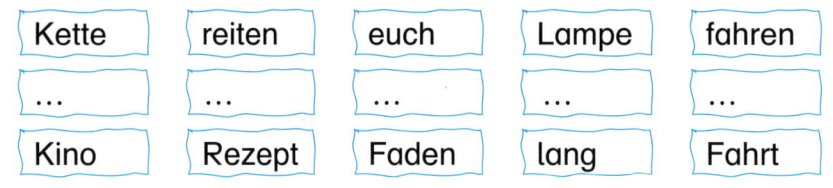

Kette	reiten	euch	Lampe	fahren
…	…	…	…	…
Kino	Rezept	Faden	lang	Fahrt

❸ Suche die fehlenden Wörter in der Wörterliste. → 204

Erinnere dich! Manchmal muss man an einer anderen Stelle nachschlagen, wenn man das Wort zuerst nicht findet.

❹ Schreibe die Wörter mit dem Artikel auf.

Erst nachdenken – dann nachschlagen

→ 204

| Väter | Bilder | Katzen | Stücke | Busse | Witze |

❶ Suche die Nomen in der Wörterliste.
Auf welcher Seite stehen sie? Was fällt dir auf?

Die meisten zusammengesetzten Wörter findest du nicht in einer Wörterliste.

❷ Schlage die zusammengesetzten Nomen nach.
Schreibe sie auf.

er lächelte	er arbeitete	er suchte	er passte auf
er lag	er sah	er flog	er trug	er fuhr
gegessen	geklebt	geblieben	gestanden

Denke beim Suchen an die Grundformen.

❸ Suche die Verben in der Wörterliste.
Schreibe sie mit diesen Formen auf: *lächeln, er lächelte, sie hat gelächelt*

| die dickste Kartoffel | der weiteste Weg | die schwierigste Aufgabe |
| die engste Stelle | das älteste Kind | die beste Spielerin |

❹ Suche die Adjektive in der Wörterliste.
Schreibe sie mit den Steigerungsformen auf: *dick, dicker, am dicksten*

❺ Neben welchen Wörtern findest du | am meisten | ?

Rechtschreib- und Grammatiktraining

Kontrollieren und korrigieren

Sarah sitzt am Computer.
Sie tippt auf der Tastatur.
Heimlich schleicht sich
ihr Vater ins Zimmer
und schaut ihr über
die Schulter.
Als sie ihn hört,
sagt sie zu ihm:
„Das ist zu kompliziert für
dich. Spiel lieber mit der
Eisenbahn!"

Sarah sitzt am computer.
Sie tipt auf der Tastatur.
Heimlich schleicht sich
ihr Vater ins Zimer und
schaut ihr über die
Schulter.
Als sie ihn hört,
sagd sie zu ihm:
„Das ist zu
kompliziert für dich.
Spiel liber mit der
Eisenbahn!"

Flo hat den Text in ihr Abschreibheft geschrieben. Bevor sie ihn der Lehrerin zeigt, vergleicht sie die beiden Texte noch einmal.

❶ Vergleiche den abgeschriebenen Text mit der Vorlage.
Fünf Wörter sind falsch geschrieben.
Schreibe die falschen Wörter richtig auf.

Achtung! Hier ist in jedem Kästchen ein Fehler. Verwandte Wörter helfen dir beim Fehlersuchen.

- sie ist liep
- er schleft
- er trägt die Tasche
- der Zwerch
- das Ketzchen
- das Flukzeug
- sie fellt hin
- er treumt
- der Könich
- die Lantkarte
- das Boot singt
- die Santburg
- die Musik ist laud
- er hat Leuse

❷ Welche verwandten Wörter können dir helfen?
Korrigiere: *lieben – sie ist lieb*

Paula zeltet

*Paula und ihre große Schwester
bauen im Garten ein Zelt auf.
Sie wollen in den Ferin draußen schlafen.
Als das Zelt endlich steht,
tragn sie alle Sachen hinein,
die sie für die Nacht bauchen.
Am Abend krieschen sie ins Zelt.
Ihre Mama geht auch ins Bet.
Mitten in der Nacht spürt Mama plözlich
jemanden neben sich.
„Paula?", flüstert sie und deckt ihre tochter zu.*

Flo ist bei manchen Wörtern unsicher. Sie hat diese Wörter gekennzeichnet.

❶ Lies den Text.

❷ Kontrolliere diese Wörter durch Nachdenken oder Nachschlagen.

❸ Schreibe die falsch geschriebenen Wörter richtig auf.

Paula hat viel zu tun

*Paula macht ihre Hausaufgaebn |
imer gleich nach der Schule. |
Heute ist das aber nicht möglich.
Paula mss sich dringend zuerst |
um ihre Schnecken kümmern.
Außerdem muss sie noch den gelben Ball suchen.
Da klingelt es an der haustür. |
Paul hlot Paula zum Fußballtraining ab. |
Mutti schüttelt nur mit dem Kopf.*

Flipp hat einige Wörter falsch geschrieben. Die Striche am Rand zeigen dir, in welchen Zeilen ein Fehler steckt.

Ich lese den Text auch von hinten nach vorne, dann finde ich manche Fehler leichter.

❹ Lies den Text.

❺ Welche Wörter hat Flipp falsch geschrieben?
Kontrolliere durch Nachdenken oder Nachschlagen.

❻ Schreibe die falsch geschriebenen Wörter richtig auf.

Rechtschreib- und Grammatiktraining

Nomen

Wörter, die Personen, Dinge, Tiere und Pflanzen bezeichnen, nennt man **Nomen**.
Nomen schreibt man mit einem großen Anfangsbuchstaben.
Nomen können einen Artikel haben: der die das ein eine .
Nomen gibt es in der Einzahl und in der Mehrzahl.

Achtung! Am Satzanfang schreibt man auch groß!

❶ Ordne die Gegenstände in einer Tabelle:

Kleidung	Spielzeug	Schulsachen	Instrumente
der Pullover	der Ball	das Heft	die Trommel

❷ Suche zu jedem Oberbegriff weitere Nomen.
Markiere den ersten Buchstaben der Nomen.

❸ Suche weitere passende Nomen zu diesen Oberbegriffen:

Personen   Tiere   Pflanzen

ein kleiner tiger soll im zirkus auftreten.
ängstlich betritt er mit den anderen tieren die manege.
er fragt einen alten tiger:
„warum starren uns die zuschauer so an?"
der alte tiger antwortet:
„du brauchst dich nicht zu fürchten.
die leute sind doch alle hinter gittern."

❹ Achte auf die Großschreibung der Nomen und der Satzanfänge.

Zusammengesetzte Nomen

📖 37

Schlüssel · Loch · Stuhl · Lehne · Bilder · Rahmen
Ohr · Ring · Fisch · Schuppen · Topf · Pflanze

❶ Setze die Wörter zusammen.
Markiere das Ende des ersten Wortes und den Anfang des zweiten Wortes.
das Schlüsselloch

> Wie geht das bei den Nomen **Schiff** + **Fahrt**, **Ballett** + **Tänzerin** und **Bett** + **Tuch**?

Laubaum · Honiglas · Kinderad · Broteig
Festag · Fußohle · Gewitteregen · Schirmütze

❷ Hier haben sich Fehler eingeschlichen.
Schreibe zuerst die beiden Nomen getrennt voneinander auf.
Schreibe dann die zusammengesetzten Nomen richtig auf.
Laub + Baum → Laubbaum

ein ameisenstamm überfällt einen elefanten.
der elefant schüttelt die kleinen tiere ab.
sie fallen auf den boden.
nur eine ameise klammert sich tapfer am hals des elefanten fest.
die anderen ameisen rufen:
„bravo, erwin!
nimm ihn in den schwitzkasten!"

❸ Achte auf die Großschreibung der Nomen und der Satzanfänge.

Rechtschreib- und Grammatiktraining

Verben

→ 160/161

> **Verben** zeigen an, ob etwas jetzt geschieht (Gegenwart) oder ob etwas schon geschehen ist (Vergangenheit).
>
> Wenn wir von etwas sprechen, was jetzt geschieht, stehen die Verben in der Gegenwartsform.
>
> Wenn wir von etwas sprechen, was schon geschehen ist, stehen die Verben in der Vergangenheitsform.

ich baue   ich rollte   ich male   ich bin gerollt   ich blutete

ich pflanzte   ich rolle   ich habe gemalt   ich malte   ich habe gepflanzt

ich pflanze   ich habe geblutet   ich habe gebaut   ich baute   ich blute

❶ Drei Formen gehören immer zusammen. Ordne sie in einer Tabelle:

Gegenwart	Vergangenheit	
ich baue	ich baute	ich habe gebaut

ich spiele   sie hüpft   er klettert   sie jubeln

wir lachen   es schmeckt   sie hören auf

❷ Ergänze die beiden Vergangenheitsformen.
Schreibe sie auf und markiere den Wortstamm.

ich *spiele* – ich *spielte* – ich habe ge*spielt*

> Manche **Verben** verändern ihre Form in der Vergangenheit nur schwach, dann bleibt der Wortstamm immer gleich.

Der Stürmer haut den Ball ins Tor.

Die Fans auf der Südtribüne jubeln.

❸ Forme die Sätze in beide Vergangenheitsformen um.
Schreibe sie auf und markiere den Wortstamm.

❹ Bilde mit eigenen Verben Sätze.
Schreibe sie in der Gegenwartsform und in beiden Vergangenheitsformen.
Markiere den Wortstamm.

sie zieht | sie zog | sie nimmt | sie hat genommen | sie vergaß
sie vergisst | sie nahm | sie hat gezogen | sie hat vergessen

❶ Drei Formen gehören immer zusammen. Ordne sie in einer Tabelle:

Gegenwart	Vergangenheit	
sie zieht	sie zog	sie hat gezogen

Manche **Verben** verändern ihre Form in der Vergangenheit stark, dann verändert sich auch der Wortstamm.

In Zweifelsfällen musst du **nachschlagen**.

wir sitzen | sie pfeift | er riecht | sie rennen
wir essen | es beginnt | ich gehe | es springt

❷ Ergänze die beiden Vergangenheitsformen. Schreibe sie auf.
wir sitzen – wir saßen – wir haben gesessen

Ein Reporter berichtet:

Sonja Otto nimmt heute zum ersten Mal an einem Springturnier teil.
Sie reitet auf einem stolzen Haflinger.
Mit Leichtigkeit springt ihr Pferd „Salamander" über die Hindernisse. Doch was ist das?
Am letzten Hindernis fällt die oberste Stange.
Trotzdem eine tolle Leistung!

Premierenritt im Reitstadion
Sonja Otto nahm gestern zum …

❸ Sonjas Ritt wird am nächsten Tag in der Zeitung beschrieben. Schreibe den Zeitungsartikel weiter. Benutze die Vergangenheitsformen.

Rechtschreib- und Grammatiktraining

Adjektive

📖 94 ←

Adjektive beschreiben, wie etwas ist.
Zu vielen Adjektiven gibt es Wörter, die das Gegenteil sagen.
Adjektive lassen sich meistens steigern.

	Seeadler	Kolkrabe	Uhu
Größe	1 m	64 cm	65–75 cm
Länge	75–90 cm	65 cm	70 cm
Gewicht	4–7 kg	1–1,5 kg	3 kg
Flügelspannweite	2,4 m	1 m	1,70 m

❶ Vergleiche die Tiere miteinander.
   Der Seeadler ist leicht.
   Der Uhu ist leichter.
   Der Kolkrabe ist am leichtesten.

[leicht] [groß]
[lang] [breit]

[Durst] [Gift] [Frieden] [Kraft]
[Angst] [Winter] [Sand] [Sport]

> Die gebildeten Adjektive haben als Endung **-ig** oder **-lich**.

> Die Verlängerungsprobe hilft dir, richtig zu schreiben.

❷ Bilde zu jedem Nomen ein Adjektiv.
   Durst – durstig, …

❸ Ordne den Adjektiven Nomen zu.
   der durstige Mann, …

Mitten im Wald steht ein (einsames) (großes) (kleines) (…) Haus.
Neben dem Haus stehen drei (winzige) (riesige) (schiefe) (…) Bäume.
Zwischen den Bäumen schleicht eine (kräftige) (dünne) (…) Katze herum.
Oben im Baum befindet sich ein (scheues) (ängstliches) (freches) (…) Eichhörnchen.
Die Katze bleibt stehen und guckt (…).

---

❹ Wähle jeweils ein Adjektiv aus. Schreibe den Text.

❺ Vergleicht eure Ergebnisse.

Wortfamilien

Spielhälfte · vorspielen · Nachspielzeit · Spielführer
abspielen · spielerisch · verspielt · gespielt · spielte
Spielfeld · Spielminute · unbespielbar! · Spielerin? · Spielende? · spielen
Fußballspiel

❶ Schreibe die Wörter ab.
   Markiere den Wortstamm SPIEL : Fußball*spiel*, *spiel*en, …

❷ Suche weitere Wörter mit dem Wortstamm SPIEL .
   Schreibe sie auf. Unterstreiche den Wortstamm.

❸ Bilde Sätze mit den Wörtern.

Kaufhaus
   kaufen
Verkäufer
   kauen
Einkäufe
   Kauffrau
Käufer

Nacht
   Nachtwanderung
Nachtisch
   Weihnachten
   übernachten
   Nachthemd
nachts

Anbau
   bauen
Bauch
   Straßenbau
Baustelle
   verbauen
Gebäude
   Fuchsbau

❹ Jede Wortfamilie hat einen Gast versteckt, der nicht dazugehört.
   Finde den Gast.

❺ Schreibe die Wortfamilien ab.
   Unterstreiche jeweils den Wortstamm.

❻ Bildet Wortfamilien und versteckt einen Gast.
   Lasst andere Kinder die Gäste finden.

Rechtschreib- und Grammatiktraining

Satzschluss-Zeichen

54, 145

Am Ende eines Satzes musst du ein Zeichen setzen:
? bei einer Frage,   . bei einer Aussage,
! bei einem Ausruf,   . oder ! bei einer Aufforderung.

Wenn du die Sätze vorliest und richtig betonst, kannst du die Satzschlusszeichen „hören".

Pit geht mit seinem Vater in den Zoo ☐
Pit: Schau mal, Papa ☐
       Der alte Affe sieht aus
       wie Onkel Holger ☐
Papa: Aber Pit ☐
       So was sagt man nicht ☐
Pit: Warum ☐
       Der Affe versteht das doch
       gar nicht ☐

„Tommy", schreit die Mutter,
„eben habe ich in deiner Hosentasche einen lebenden Frosch gefunden ☐"
„Was", erschrickt Tommy, „die Mäuse sind nicht mehr drin ☐"

❶ Lies die Texte und trage sie einem anderen Kind vor.

❷ Schreibe die Texte mit den Satzschluss-Zeichen auf.

Aussage	Frage	Aufforderung
Ich spiele mit dir.	Spielst du mit mir?	Spiel mit mir!
...	Trägst du den Text vor?	...
...	...	Sprich leise mit mir!
Ich schreibe einen Text.	...	...

❸ Schreibe die fehlenden Sätze mit den passenden Satzschluss-Zeichen auf.

Wörtliche Rede

110/111

Steht der Begleitsatz vor der **wörtlichen Rede**, folgt ein Doppelpunkt : .
Anfang und Ende der wörtlichen Rede sind durch Redezeichen „…" gekennzeichnet.

Timmy seufzt	Das wird bestimmt wieder ein langweiliger Nachmittag.
Nico antwortet	Kann ich da mitkommen?
Timmy fragt	Bei mir nicht! Ich gehe heute zum Schwimmtraining.
Nico sagt	Klar! Ich fahre aber schon um 15.00 Uhr los.

❶ Ordne die wörtlichen Reden den Begleitsätzen zu.
Schreibe das Gespräch auf.
Setze die fehlenden Redezeichen und markiere sie.
Timmy seufzt: „Das wird …

❷ Schreibe das Gespräch weiter.

Am Begleitsatz kann man auch erkennen, **wie** etwas gesagt wird.

| Ich gehe um 15.00 Uhr zum Sportplatz. |
| Und ich muss zum Zahnarzt. |
| Du kannst doch nachkommen, wenn du fertig bist. |
| Wie lange spielt ihr denn Fußball? |

❸ Ergänze die Begleitsätze.
Schreibe das Gespräch auf.
Setze die fehlenden Redezeichen und markiere sie.
Timmy sagt: „Ich gehe um 15.00 Uhr zum Sportplatz."

Rechtschreib- und Grammatiktraining

Wörter verlängern und ableiten

der Hu☐ der Kor☐ der Köni☐ das Hem☐
gel☐ star☐ kur☐ kal☐

❶ Verlängere die Wörter.
Schreibe die Wörter richtig auf und markiere: *die Hüte – der Hut*

es stin☐t sie tan☐t du sa☐st er blei☐t
sie brin☐t es trei☐t du den☐st es gi☐t

> Oft sind auch Laute im Wort nicht deutlich zu hören.

❷ Bilde die Grundformen der Verben.
Schreibe die Wörter richtig auf und markiere: *stinken – es stinkt*

> Manche Wörter sind aus Verben und Nomen zusammengesetzt. Die Grundform des Verbs kann dir helfen.

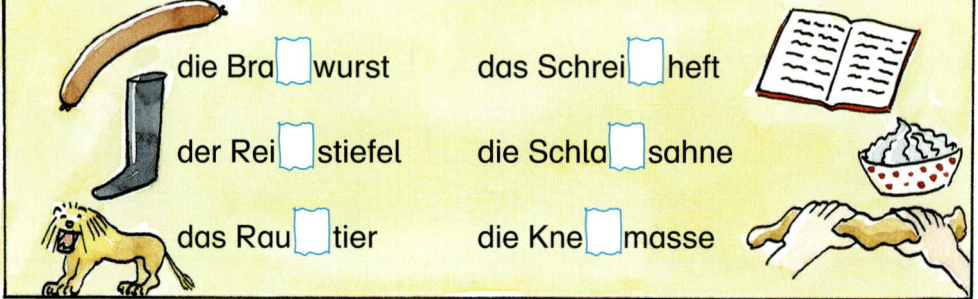

die Bra☐wurst das Schrei☐heft
der Rei☐stiefel die Schla☐sahne
das Rau☐tier die Kne☐masse

❸ Bilde die Grundformen der Verben.
Schreibe die Wörter richtig auf und markiere: *braten – die Bratwurst*

die Nor☐see der Wu☐anfall der Kor☐macher
die Antwor☐karte die Lan☐karte die Hal☐schmerzen

❹ Schreibe die Wörter richtig auf und markiere: *Norden – die Nordsee*

198

Vorsilben

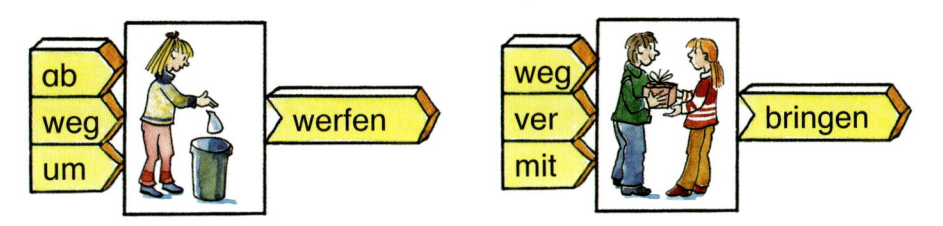

| ab | weg | um | werfen |
| weg | ver | mit | bringen |

❶ Ordne die passende Vorsilbe dem Verb zu.

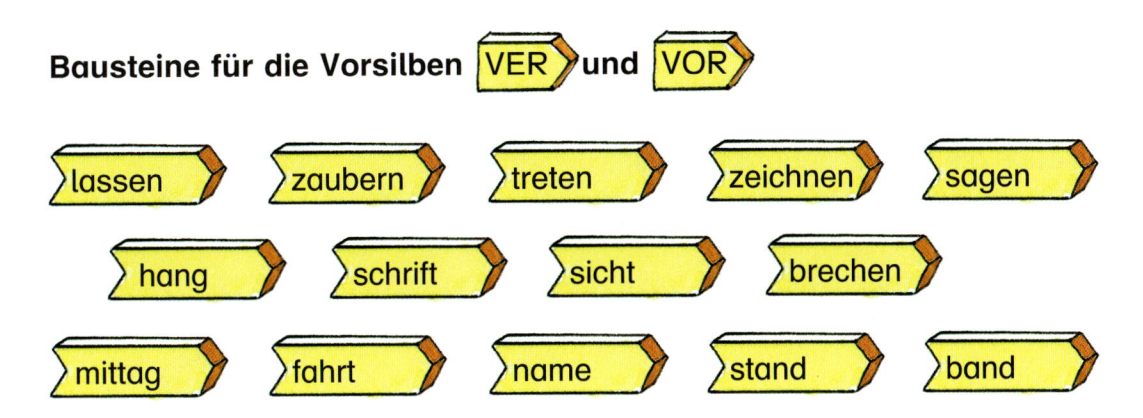

Bausteine für die Vorsilben VER **und** VOR

lassen   zaubern   treten   zeichnen   sagen

hang   schrift   sicht   brechen

mittag   fahrt   name   stand   band

❷ Setze die Wortbausteine VER und VOR ein.
Schreibe die Wörter auf und markiere die Vorsilben.
Achte auf die Groß- und Kleinschreibung.
verlassen, vorlassen, …

Achtung, Achtung! Man kann nicht bei jedem Baustein beide Vorsilben einsetzen.

❸ Bilde Sätze mit den Wörtern.

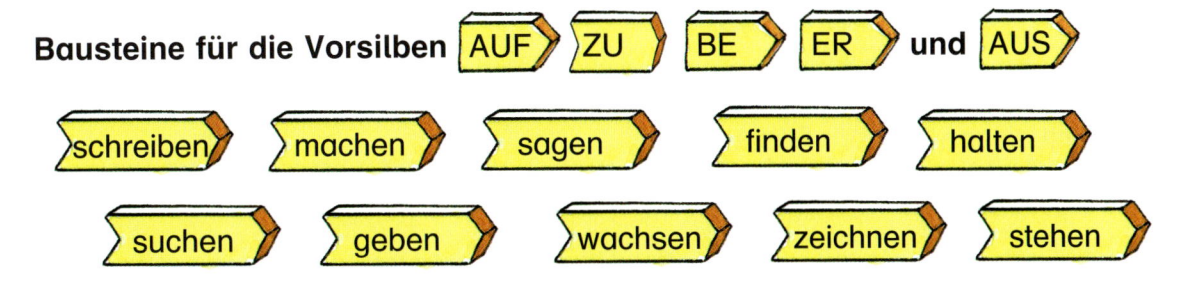

Bausteine für die Vorsilben AUF ZU BE ER **und** AUS

schreiben   machen   sagen   finden   halten

suchen   geben   wachsen   zeichnen   stehen

❹ Ordne die passenden Vorsilben den Verben zu.

❺ Schreibe Sätze mit den neu gebildeten Verben.
Ich muss mir die Hausaufgaben aufschreiben.

Rechtschreib- und Grammatiktraining

Doppelte Mitlaute

📖 112

knallen	Mutter	Tonne	Sonne	dumm	Keller
Butter	Teller	nett	Stamm	Riss	Kamm
stumm	rennen	schnell	Bett	hell	fallen

❶ Schreibe die Wörter in eine Tabelle.

tt	nn	ll	mm
Mutter	Tonne	Keller	Stamm

❷ Sprecht euch die Wörter gegenseitig vor.
Was fällt euch auf?

❸ Markiere den kurzen Selbstlaut
und den doppelten Mitlaut.

❹ Suche weitere Wörter mit kurzem Selbstlaut
und doppeltem Mitlaut.
Trage sie in die Tabelle ein und markiere.

*Wenn du **unsicher** bist, dann **schlage nach**.*

*Wenn ein Wortstamm einen doppelten Mitlaut hat, dann haben die **verwandten Wörter** meistens auch doppelte Mitlaute.*

Wasserfall   Wasserhahn   Wasserschlauch   Abwasser   bewässern

❺ Bilde mit diesen Wörtern Sätze
und markiere den Wortstamm.

❻ Bilde weitere Wortfamilien zu Wörtern mit doppeltem Mitlaut.
Markiere den Wortstamm.

Mutter   Sonne   Klasse

Bilde mit diesen Wörtern Sätze
und markiere den Wortstamm.

Wörter mit tz und ck

Katze · Bäcker · spitz · bücken · Mütze · Brücke · Glück · kratzen · drucken · Pfütze · Dackel · platzen · pflücken · hetzen · Schnecke · Netz · Decke · schmatzen

❶ Schreibe die Wörter in eine Tabelle.

tz	ck
Katze	Bäcker

❷ Sprecht euch die Wörter gegenseitig vor. Was fällt euch auf?

❸ Markiere den kurzen Selbstlaut und das **tz** oder **ck**.

❹ Suche weitere Wörter mit kurzem Selbstlaut und **tz** oder **ck**. Trage sie in die Tabelle ein und markiere.

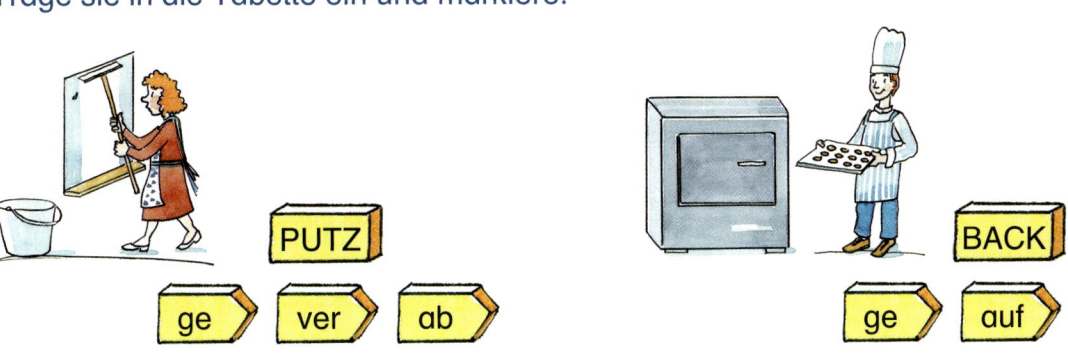

*Wenn du **unsicher** bist, dann **schlage nach**.*

PUTZ — ge, ver, ab

BACK — ge, auf

❺ Bilde Wortfamilien mit **tz** und **ck**.
putzen, Putzeimer, …
Bilde mit diesen Wörtern Sätze und markiere den Wortstamm.

*Und warum werden die Wörter **Pflanze, Kerze, Nelke** oder **Onkel** nicht mit **tz** oder **ck** geschrieben?*

*Ist doch klar! **tz** oder **ck** stehen **nie nach** einem **Mitlaut**.*

Rechtschreib- und Grammatiktraining

Wörter mit ie

| lief | gießen | Brief | schließen | fliegen | liegen |
| schießen | schlief | siegen | tief | fließen | wiegen |

❶ Suche die Reimwörter.
Schreibe sie untereinander.

❷ Sprecht euch die Wörter gegenseitig vor.
Was fällt euch auf?

❸ Markiere das lang gesprochene **ie**.

❹ Suche weitere Wörter mit **ie**.
Schreibe sie auf und markiere.

*Wenn du **unsicher** bist, dann **schlage nach**.*

 Ich liege im Bett.	 Du liegst im Bett.	 Er …
Ich …	Du spielst Fußball.	Er …
Ich …	Du …	Er schließt die Tür auf.
Ich gieße die Blumen.	Du …	Er …
Ich …	Du fliegst nach Amerika.	Er …

❺ Schreibe die Sätze in den verschiedenen Formen auf.
Markiere das **ie** in den Verben.

❻ Bilde die Wortfamilie.
Bilde mit diesen Wörtern Sätze und markiere den Wortstamm.
*Lieb*ling, …

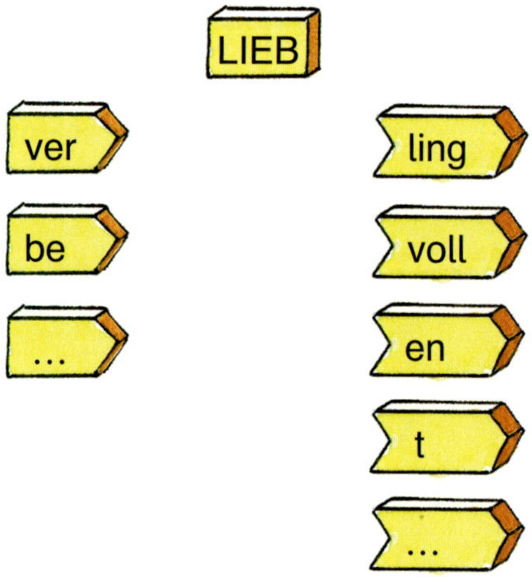

LIEB

ver, be, …
ling, voll, en, t, …

Silbentrennung

20, 162

Tomatensalat
Schokoladenkuchen
Paprikaschoten
Eisenbahnwagen
Telefonhörer

Darauf musst du bei der Silbentrennung achten:

Trenne kurze, einfache Wörter so, wie man sie spricht.
Beispiel: Freun - de, Pla - net

Trenne zusammengesetzte Wörter in ihre Teile.
Beispiel: Traum - land, Fenster - bank

Trenne bei Doppelmitlauten zwischen den Mitlauten.
Beispiel: Was - ser, kom - men

Achte darauf, dass in jeder Silbe ein Selbstlaut steht.
Beispiel: Ta - fel, Buch

Gibt es in einem Wort mehrere Mitlaute hintereinander, rutscht nur der letzte in die nächste Silbe.
Beispiel: An - ker, Kat - zen

Es darf nie ein Selbstlaut einzeln stehen.
Beispiel: Igel, Abend

au und äu, eu, ei, ai und oi werden nie getrennt.
Beispiel: Zu - cker, Bäu - me

`To- ma- ten- sa- lat`

❶ Sprich die langen Wörter in der Robotersprache. Klatsche dabei in die Hände.

le-sen schreiben sagen zeichnen laufen fliegen	Pa-pa-gei Krokodil Kaninchen Blaumeise Salamander	Igel Abend Idee Elefant Ozean Ananas	Sup-pe Mutter Rüssel summen fallen tippen
Tas-te Kruste Kasten basteln flüstern lustig	Tat-ze Katze Mütze kratzen setzen schwitzen	Mü-cke Schnecke Dackel drucken pflücken schmecken	Haus-tür Raubtier Hochbett Limoglas Paddelboot Brennnessel

❷ Trenne die Wörter, sofern es geht. Klatsche dabei.

❸ Schreibe die Wörter mit Trennstrichen auf.

❹ Suche weitere Wörter und trenne sie.

Wörterliste

A a

der	Abend, die Abende
	aber
der	Abfall, die Abfälle
der	Abflug, die Abflüge
	abstauben, er staubte ab, sie hat abgestaubt
	abstürzen, er stürzte ab, sie ist abgestürzt
	ähnlich, ähnlicher, am ähnlichsten
	alle
	allein
	alles
	als
	alt, älter, am ältesten
die	Ameise, die Ameisen
	an
	anders
die	Angst, die Ängste
	ängstlich, ängstlicher, am ängstlichsten
	anhalten, er hielt an, sie hat angehalten
der	Apfel, die Äpfel
	arbeiten, er arbeitete, sie hat gearbeitet
	ärgern, er ärgerte, sie hat geärgert
	arm, ärmer, am ärmsten
	Asien
der	Ast, die Äste
	auch
	auf
	auffallen, er fiel auf, sie ist aufgefallen
	aufgeregt, aufgeregter, am aufgeregtesten
	aufheben, er hob auf, sie hat aufgehoben
	aufpassen, er passte auf, sie hat aufgepasst
	aufräumen, er räumte auf, sie hat aufgeräumt
	aufregend, aufregender, am aufregendsten
das	Auge, die Augen
	aus
der	Ausländer, die Ausländer

B b

	backen, er backte, sie hat gebacken
der	Bäcker, die Bäcker
	baden, er badete, sie hat gebadet
	bald
der	Ball, die Bälle
der	Bär, die Bären
der	Bauch, die Bäuche
	bauen, er baute, sie hat gebaut
der	Bauer, die Bauern
der	Baum, die Bäume
	beginnen, er begann, sie hat begonnen
	behalten, er behielt, sie hat behalten
das	Bein, die Beine
	beißen, er biss, sie hat gebissen
	bekommen, er bekam, sie hat bekommen
	benutzen, er benutzte, sie hat benutzt
der	Berg, die Berge
der	Besen, die Besen

das	Bett, die Betten
die	Beute
	bewegen, er bewegte, sie hat bewegt
der	Bewohner, die Bewohner
	bezahlen, er bezahlte, sie hat bezahlt
	biegen, er bog, sie hat gebogen
die	Biene, die Bienen
das	Bild, die Bilder
	billig, billiger, am billigsten
	bissig, bissiger, am bissigsten
	bitten, er bat, sie hat gebeten
	bleiben, er blieb, sie ist geblieben
der	Blitz, die Blitze
	blitzen, es blitzte, es hat geblitzt
die	Blüte, die Blüten
der	Boden, die Böden
der	Brand, die Brände
	brauchen, er brauchte, sie hat gebraucht
	brennen, es brannte, es hat gebrannt
	bringen, er brachte, sie hat gebracht
das	Brot, die Brote
der	Bruder, die Brüder
der	Brunnen, die Brunnen
das	Buch, die Bücher
die	Burg, die Burgen
	bürsten, er bürstete, sie hat gebürstet
der	Bus, die Busse
	buschig

C c

der	Chinese, die Chinesen
der	Comic, die Comics
der	Computer, die Computer
der	Cowboy, die Cowboys

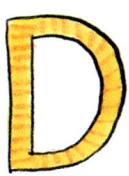

D d

	da
das	Dach, die Dächer
	dann
	das
	den
	denken, er dachte, sie hat gedacht
	denn
	der
	deshalb
der	Detektiv, die Detektive
	deutlich, deutlicher, am deutlichsten
	dick, dicker, am dicksten
	die
der	Dieb, die Diebe
der	Dienst, die Dienste
das	Dorf, die Dörfer
	draußen
das	Drehbuch, die Drehbücher
	drehen, er drehte, sie hat gedreht
	drücken, er drückte, sie hat gedrückt
der	Drucker, die Drucker
	du

dumm, dümmer, am dümmsten
durch
dürfen, er durfte, sie hat gedurft
der Durst
durstig, durstiger, am durstigsten

E e

das Ei, die Eier
der Eimer, die Eimer
ein
einmal
eisig, eisiger, am eisigsten
der Elefant, die Elefanten
endlich
eng, enger, am engsten
entdecken, er entdeckte, sie hat entdeckt
die Ente, die Enten
er
die Erde
der Erfinder, die Erfinder
erhitzen, er erhitzte, sie hat erhitzt
ernten, er erntete, sie hat geerntet
erst
erzählen, er erzählte, sie hat erzählt
es
der Esel, die Esel
der Eskimo, die Eskimos
das Essen, die Essen
essen, er aß, sie hat gegessen, iss
etwas
euch
Europa

F f

der Faden, die Fäden
die Fahne, die Fahnen
fahren, er fuhr, sie ist gefahren
das Fahrrad, die Fahrräder
die Fahrt, die Fahrten
fallen, er fiel, sie ist gefallen
fangen, er fing, sie hat gefangen
die Farbe, die Farben
faul, fauler, am faulsten
die Feder, die Federn
der Feind, die Feinde
das Fenster, die Fenster
die Ferien
der Fernseher, die Fernseher
fertig
fest, fester, am festesten
das Feuer, die Feuer
der Film, die Filme
finden, er fand, sie hat gefunden
der Fisch, die Fische
das Fleisch
fleißig, fleißiger, am fleißigsten
fliegen, er flog, sie ist geflogen
fließen, es floss, es ist geflossen
die Flimmerkiste, die Flimmerkisten
flitzen, er flitzte, sie ist geflitzt
das Flugzeug, die Flugzeuge
der Fluss, die Flüsse
fragen, er fragte, sie hat gefragt
die Frau, die Frauen
fremd, fremder, am fremdesten
fressen, er fraß, sie hat gefressen, friss
der Freund, die Freunde
die Freundin, die Freundinnen
freundlich, freundlicher, am freundlichsten
die Freundschaft

friedlich, friedlicher,
am friedlichsten
frieren, er fror, sie hat gefroren
froh, froher, am frohesten
fröhlich, fröhlicher,
am fröhlichsten
die Fröhlichkeit
früh, früher, am frühesten
für
der Fuß, die Füße
das Futter
füttern, er fütterte, sie hat
gefüttert

G g

das Gänseblümchen, die Gänseblümchen
ganz
der Garten, die Gärten
das Gebäude, die Gebäude
gefallen
geben, er gab, sie hat gegeben, gib
das Geheimnis, die Geheimnisse
gehen, er ging, sie ist gegangen
der Geist, die Geister
gelb
das Geld
gemein, gemeiner,
am gemeinsten
das Gemüse
gemütlich, gemütlicher,
am gemütlichsten
gepflegt, gepflegter,
am gepflegtesten
das Gerät, die Geräte
das Gericht, die Gerichte
die Geschichte, die Geschichten
das Geschirr
gewinnen, er gewann, sie hat gewonnen
das Gewitter, die Gewitter
gießen, er goss, sie hat gegossen
giftig, giftiger, am giftigsten
das Gitter, die Gitter
gleich
glücklich, glücklicher,
am glücklichsten
graben, er grub, sie hat gegraben
das Gras, die Gräser
die Großmutter, die Großmütter
gucken, er guckte, sie hat geguckt
gut, besser, am besten

H h

haben, er hatte, sie hat gehabt
der Hahn, die Hähne
halb
der Hals, die Hälse
halten, er hielt, sie hat gehalten
die Hand, die Hände
handeln, er handelte, sie hat gehandelt
hängen, er hing, sie hat gehangen
der Hase, die Hasen
hässlich, hässlicher,
am hässlichsten
hauen, er haute, sie hat gehauen
das Haus, die Häuser
die Hausaufgabe,
die Hausaufgaben

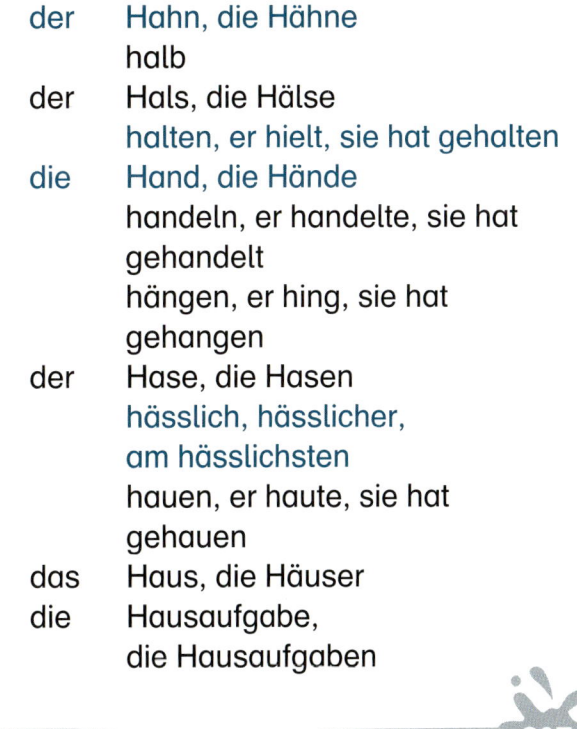

häuten, er häutete, sie hat gehäutet
heben, er hob, sie hat gehoben
heimlich
heiß, heißer, am heißesten
heißen, er hieß, sie hat geheißen
heiter, heiterer, am heitersten
heizen, er heizte, sie hat geheizt
helfen, er half, sie hat geholfen, hilf
der Herr, die Herren
herzlich, herzlicher, am herzlichsten
heute
die Hexe, die Hexen
holen, er holte, sie hat geholt
der Honig
horchen, er horchte, sie hat gehorcht
hören, er hörte, sie hat gehört
hübsch, hübscher, am hübschesten
das Huhn, die Hühner
der Hund, die Hunde
hupen, er hupte, sie hat gehupt
hüpfen, er hüpfte, sie ist gehüpft

Ii

ich
ihr
ihre
immer
der Indianer, die Indianer
informieren, er informierte, sie hat informiert
interessieren, er interessierte, sie hat interessiert
das Internet

Jj

die Jacke, die Jacken
die Jagd, die Jagden
jagen, er jagte, sie hat gejagt
der Jäger, die Jäger
das Jahr, die Jahre
jetzt
der Junge, die Jungen

Kk

der Käfer, die Käfer
der Kaffee
der Käfig, die Käfige
kalt, kälter, am kältesten
die Kamera, die Kameras
der Kanal, die Kanäle
das Karussell, die Karussells
der Käse
der Kater, die Kater
die Katze, die Katzen
kaufen, er kaufte, sie hat gekauft
der Kauz, die Käuze
die Kerze, die Kerzen
die Kette, die Ketten
das Kind, die Kinder
das Kino, die Kinos
kleben, er klebte, sie hat geklebt
kleckern, er kleckerte, sie hat gekleckert
das Kleid, die Kleider
klopfen, er klopfte, sie hat geklopft
klug, klüger, am klügsten

die	Klugheit
	knackig, knackiger, am knackigsten
der	Knopf, die Knöpfe
	kochen, er kochte, sie hat gekocht
der	Kompost
der	König, die Könige
die	Königin, die Königinnen
	königlich
	können, er konnte, sie hat gekonnt
	kontrollieren, er kontrollierte, sie hat kontrolliert
	kräftig, kräftiger, am kräftigsten
	kratzen, er kratzte, sie hat gekratzt
der	Kratzer, die Kratzer
	kriechen, er kroch, sie ist gekrochen
	kriegen, er kriegte, sie hat gekriegt
die	Kugel, die Kugeln
die	Kuh, die Kühe
der	Kummer
der	Kuss, die Küsse

L l

	lächeln, er lächelte, sie hat gelächelt
	lachen, er lachte, sie hat gelacht
	lahm, lahmer, am lahmsten
das	Lamm, die Lämmer
die	Lampe, die Lampen
das	Land, die Länder
	lang, länger, am längsten
	langsam, langsamer, am langsamsten
	langweilig, langweiliger, am langweiligsten
	lassen, er ließ, sie hat gelassen
das	Laub
	laufen, er lief, sie ist gelaufen
die	Laus, die Läuse
	leben, er lebte, sie hat gelebt
	lecker, leckerer, am leckersten
	legen, er legte, sie hat gelegt
der	Lehrer, die Lehrer
die	Lehrerin, die Lehrerinnen
die	Leine, die Leinen
	lesen, er liest, sie hat gelesen, lies
	leuchten, er leuchtete, sie hat geleuchtet
die	Leute
	lieb, lieber, am liebsten
die	Liebe
	lieben, er liebte, sie hat geliebt
	liegen, er lag, sie hat gelegen
	loben, er lobte, sie hat gelobt
das	Loch, die Löcher
die	Locke, die Locken
die	Luft
der	Luftballon, die Luftballons/ Luftballone
	lügen, er log, sie hat gelogen
	lustig, lustiger, am lustigsten

M m

	machen, er machte, sie hat gemacht
das	Mädchen, die Mädchen
	mahnen, er mahnte, sie hat gemahnt

	manchmal
die	Manege, die Manegen
der	Mann, die Männer
das	Märchen, die Märchen
der	Markt, die Märkte
die	Maus, die Mäuse
	meckern, er meckerte, sie hat gemeckert
das	Meer, die Meere
	mehr
der	Mensch, die Menschen
das	Messer, die Messer
die	Miene, die Mienen
	möglich
	mühselig, mühseliger, am mühseligsten
der	Müll
die	Musik
	müssen, er musste, sie hat gemusst
	mutig, mutiger, am mutigsten
die	Mutter, die Mütter
die	Mütze, die Mützen

Nn

die	Nacht, die Nächte
die	Nähe
die	Nahrung
	nämlich
die	Natur
	natürlich, natürlicher, am natürlichsten
	nehmen, er nahm, sie hat genommen, nimm
	nennen, er nannte, sie hat genannt
das	Nest, die Nester

die	Netzhaut, die Netzhäute
das	Netzwerk, die Netzwerke
	neugierig, neugieriger, am neugierigsten
	nichts
	noch
	notieren, er notierte, sie hat notiert
die	Nudel, die Nudeln

Oo

das	Obst
das	Ohr, die Ohren
der	Onkel, die Onkel
	ordentlich

Pp

	packen, er packte, sie hat gepackt
die	Pappe, die Pappen
das	Pech
	petzen, er petzte, sie hat gepetzt
der	Pfau, die Pfauen
	pfeifen, er pfiff, sie hat gepfiffen
der	Pfeil, die Pfeile
das	Pferd, die Pferde
der	Pfirsich, die Pfirsiche
die	Pflanze, die Pflanzen
das	Pflaster, die Pflaster
	pflegen, er pflegte, sie hat gepflegt
die	Pflicht, die Pflichten
der	Platz, die Plätze
das	Plätzchen, die Plätzchen
	plötzlich

polieren, er polierte, sie hat poliert
der Prinz, die Prinzen
die Prinzessin, die Prinzessinnen
probieren, er probierte, sie hat probiert
das Programm, die Programme
die Pumpe, die Pumpen
die Puppe, die Puppen
putzen, er putzte, sie hat geputzt

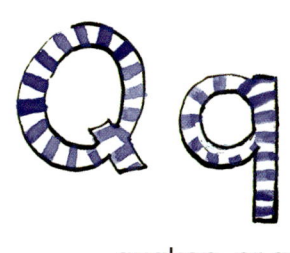

Qq

quaken, er quakte, sie hat gequakt
der Quatsch
quieken, er quiekte, sie hat gequiekt

Rr

der Rabe, die Raben
das Rad, die Räder
die Rallye, die Rallyes
der Rat
raten, er riet, sie hat geraten
das Rätsel, die Rätsel
der Räuber, die Räuber
rauschen, es rauschte, es hat gerauscht
das Recht, die Rechte
die Rede, die Reden
reich, reicher, am reichsten
reißen, er riss, sie hat gerissen
reiten, er ritt, sie ist geritten
rennen, er rannte, sie ist gerannt
das Rezept, die Rezepte
riechen, er roch, sie hat gerochen
riesig, riesiger, am riesigsten
der Ritter, die Ritter
die Rose, die Rosen
das Rotkehlchen, die Rotkehlchen
die Ruhe
ruhig, ruhiger, am ruhigsten
rumpeln, es rumpelte, es hat gerumpelt

Ss

saftig, saftiger, am saftigsten
sagen, er sagte, sie hat gesagt
salzig, salziger, am salzigsten
sammeln, er sammelte, sie hat gesammelt
der Sand
sandig, sandiger, am sandigsten
der Sattel, die Sättel
sauber, sauberer, am saubersten
saugen, er saugte, sie hat gesaugt
der Säugling, die Säuglinge
schieben, er schiebt, sie hat geschoben
schießen, er schoss, sie hat geschossen
der Schirm, die Schirme
schlafen, er schlief, sie hat geschlafen
schlagen, er schlug, sie hat geschlagen
schlecht, schlechter, am schlechtesten
schleichen, er schlich, sie ist geschlichen

	schließen, er schloss, sie hat geschlossen
der	Schlitten, die Schlitten
der	Schluss, die Schlüsse
	schmatzen, er schmatzte, sie hat geschmatzt
	schmecken, er schmeckte, sie hat geschmeckt
der	Schmetterling, die Schmetterlinge
	schmutzig, schmutziger, am schmutzigsten
der	Schnitt, die Schnitte
	schön, schöner, am schönsten
der	Schrank, die Schränke
	schreiben, er schrieb, sie hat geschrieben
	schrubben, er schrubbte, sie hat geschrubbt
der	Schuh, die Schuhe
die	Schule, die Schulen
der	Schutz
	schwach, schwächer, am schwächsten
	schweben, er schwebte, sie hat geschwebt
das	Schwein, die Schweine
die	Schwester, die Schwestern
	schwierig, schwieriger, am schwierigsten
	schwimmen, er schwamm, sie ist geschwommen
	schwitzen, er schwitzte, sie hat geschwitzt
der	See, die Seen
	sehen, er sah, sie hat gesehen, sieh
	sein, er war, sie ist gewesen
	sie
	sieben
	singen, er sang, sie hat gesungen
	sinken, er sank, sie ist gesunken
	sitzen, er saß, sie hat gesessen
	sollen, er sollte, sie hat gesollt
der	Sommer, die Sommer
der	Spaß, die Späße
	spaßig, spaßiger, am spaßigsten
der	Spatz, die Spatzen
der	Speck
	sperren, er sperrte, sie hat gesperrt
das	Spiel, die Spiele
	spielen, er spielte, sie hat gespielt
die	Spinne, die Spinnen
	sportlich, sportlicher, am sportlichsten
die	Sprache, die Sprachen
	sprechen, er sprach, sie hat gesprochen, sprich
	springen, er sprang, sie ist gesprungen
	spritzen, er spritzte, sie hat gespritzt
	spülen, er spülte, sie hat gespült
der	Stall, die Ställe
der	Stamm, die Stämme
	stehen, er stand, sie hat gestanden
	steigen, er stieg, sie ist gestiegen
	sterben, er starb, sie ist gestorben, stirb
	stoßen, er stieß, sie hat gestoßen
die	Straße, die Straßen
der	Strauch, die Sträucher
	streichen, er strich, sie hat gestrichen
der	Streit
das	Stroh
das	Stück, die Stücke
der	Stuhl, die Stühle
	stündlich

stürzen, er stürzte, sie ist gestürzt
stutzen, er stutzte, sie hat gestutzt
suchen, er suchte, sie hat gesucht

T t

der Tag, die Tage
die Tante, die Tanten
tanzen, er tanzte, sie hat getanzt
die Tasche, die Taschen
die Tastatur, die Tastaturen
die Tatze, die Tatzen
der Tee, die Tees
teilnehmen, er nahm teil, sie hat teilgenommen
der Text, die Texte
das Thermometer, die Thermometer
das Tier, die Tiere
der Tiger, die Tiger
tippen, er tippte, sie hat getippt
der Tisch, die Tische
die Tochter, die Töchter
das Tor, die Tore
tragen, er trug, sie hat getragen
das Training
träumen, er träumte, sie hat geträumt
traurig, trauriger, am traurigsten
trennen, er trennte, sie hat getrennt
die Treppe, die Treppen
treten, er trat, sie hat getreten, tritt
trinken, er trank, sie hat getrunken
trotzdem
die Tür, die Türen

U u

überall
die Uhr, die Uhren
umfallen, er fiel um, sie ist umgefallen
und
unter

V v

der Vampir, die Vampire
der Vater, die Väter
der Ventilator, die Ventilatoren
verachten, er verachtete, sie hat verachtet
verbieten, er verbot, sie hat verboten
vergessen, er vergaß, sie hat vergessen, vergiss
das Vergnügen
sich verhalten, er verhielt sich, sie hat sich verhalten
verkaufen, er verkaufte, sie hat verkauft
der Verkehr
verkratzen, er verkratzte, sie hat verkratzt
verlangen, er verlangte, sie hat verlangt
verlieren, er verlor, sie hat verloren
vernetzen, er vernetzte, sie hat vernetzt
verschieden
versorgen, er versorgte, sie hat versorgt

verstehen, er verstand, sie hat verstanden
der Versuch, die Versuche
verwöhnen, er verwöhnte, sie hat verwöhnt
verzehren, er verzehrte, sie hat verzehrt
viel, mehr, am meisten
vielleicht
vier
das/der Virus, die Viren
der Vogel, die Vögel
das Volk, die Völker
vor
vorbei
vorlesen, er las vor, sie hat vorgelesen, lies vor
die Vorschau

Ww

die Wand, die Wände
warten, er wartete, sie hat gewartet
was
die Wäsche
waschen, er wusch, sie hat gewaschen
das Wasser
wegwerfen, er warf weg, sie hat weggeworfen, wirf weg
wehen, es wehte, es hat geweht
wehren, sich, er wehrte sich, sie hat sich gewehrt
weit, weiter, am weitesten
die Welle, die Wellen
die Welt, die Welten
wenn
die Werbung
werfen, er warf, sie hat geworfen, wirf
die Wette, die Wetten

wiegen, er wog, sie hat gewogen
die Wiese, die Wiesen
wild, wilder, am wildesten
windig, windiger, am windigsten
winterlich, winterlicher, am winterlichsten
winzig, winziger, am winzigsten
wir
wirklich
wissen, er wusste, sie hat gewusst
der Witz, die Witze
witzig, witziger, am witzigsten
die Woche, die Wochen
wohnen, er wohnte, sie hat gewohnt
der Wolf, die Wölfe
die Wolle
wollen, er wollte, sie hat gewollt
das Wort, die Wörter
wütend, wütender, am wütendsten

Zz

zählen, er zählte, sie hat gezählt
der Zahn, die Zähne
der Zauberer, die Zauberer
der Zaun, die Zäune
die Zeitung, die Zeitungen
zerkratzen, er zerkratzte, sie hat zerkratzt
ziehen, er zog, sie hat gezogen
das Zimmer, die Zimmer
der Zirkus, die Zirkusse
der Zoo, die Zoos
zornig, zorniger, am zornigsten
der Zucker
zurück
zusammen
der Zuschauer, die Zuschauer
der Zwerg, die Zwerge

Vimala gehört zu uns
(Fortsetzung) 6/7

Am nächsten Morgen gingen Henri und ich einen kleinen Umweg und holten Vimala zu Hause ab. „Ach, das ist aber nett", sagte Vimalas Mutter überrascht. Sie bat uns herein.
5 Vimala saß noch beim Frühstück. Sie war verwundert, als sie uns hereinkommen sah, aber sie freute sich, das konnte ich ganz genau sehen. „Wir holen dich jetzt jeden Morgen ab", erklärte Henri. Er wurde ein bisschen rot. Aber Vimala
10 freute sich noch mehr. „Ihr seid meine besten Freunde", lachte sie.
Am Nachmittag trafen Henri und ich Lea in der Stadt. Sie war allein und schaute sich Bilder im Schaufenster vom Reisebüro an.
15 „Na ihr Knirpse, wollt ihr etwa auch verreisen?", grinste sie uns an. „Wieso, wo fährst du denn hin?", fragte ich sie vorsichtig. „Ich fahre in den Herbstferien ganz weit weg. Nach Kenia, das liegt in Afrika", sagte sie stolz. „Hoffentlich sind die
20 Leute da nicht so gemein zu dir wie du zu Vimala", platzte ich heraus. „Da sind nämlich alle schwarz. Außer dir." Da bekam Lea einen roten Kopf. „Pass auf, dass du nicht platzt", rief Henri übermütig und wir rannten lachend davon.
25 Ich glaube, diese Niederlage konnte Lea nicht verwinden, denn in der nächsten Schulpause kamen Lea und ihre Freunde wieder. Lea, Thomas und Mike liefen auf Vimala zu. Sie guckte ziemlich erschrocken … die drei fühlten sich ganz schön
30 stark. Aber weit gefehlt! Drei Kinder gegen Vimala? Nein! Drei Kinder gegen vierundzwanzig Kinder aus der Klasse 2a.
In Windeseile hatten wir die drei eingekreist. Die haben vielleicht blöd geschaut.
35 Beschimpft haben sie Vimala auch nicht mehr. „Lasst unsere Freundin in Ruhe", habe ich gerufen. „Sonst kriegt ihr es mit uns zu tun", rief Carla. An diesem Tag wurde Vimala von vier Kindern nach Hause begleitet.
40 Am nächsten Tag standen wir zu fünft vor Vimalas Tür, um sie zur Schule abzuholen.
Auf dem Weg zurück nach Hause gingen schon zehn Kinder mit, um Vimala zu begleiten.
Am übernächsten Tag waren sogar Kinder aus der
45 dritten Klasse dabei. Wir taten nichts anderes, als gemeinsam zur Schule zu gehen. Gemeinsam mit Vimala. Am Schultor warteten immer Lea und ihre Freunde auf uns. Aber als sie uns sahen, taten sie immer so, als würden sie auf das Klingeln warten.
50 Wir waren in der Überzahl, immer!
Und soll ich euch was sagen? Irgendwann hatten sie es kapiert und ließen uns in Ruhe. Vimala gehört zu uns. Wer sie wegen ihrer Hautfarbe ärgert, kriegt es mit uns zu tun. Wir sind nämlich
55 ganz schön viele!

Petra Mönter

Vor der Kiste
(Fortsetzung) 24/25

Papa hängt in seinem Sessel, alle viere weit von sich gestreckt. „Später vielleicht", sagt er. „Ich bin total erledigt. Ich brauche jetzt erst mal meine Ruhe."

Manfred Mai

Angriff der Viren
(Fortsetzung) 68/69

„Was ist, Papa? Wirst du auch krank?" „Nein, André. Aber wir haben einen Virus im System." André erschrak. „Ist der Computer jetzt krank?" Papa nickte. „Ja, so kann man es nennen."
5 Andrés Magen krampfte sich zusammen. Hatte er den Comuter angesteckt? „Ist das schlimm?", fragte er leise. Papa runzelte die Stirn. „Sehr schlimm! Ich komme nicht an meine Zahlen. All die Arbeit der letzten Wochen: Umsonst!
10 Wie werde ich dastehen bei unserer wichtigsten Geschäftsbesprechung der letzten Jahre?" André schluckte. Geschäftsbesprechung, das auch noch! „Ich war es, Papa", sagte er. „Ich habe deinen Computer angesteckt. Beim Spielen habe
15 ich ihn angehustet. Dabei müssen meine Viren …". „Du warst an meinem Computer?" „Ja, Papa", gab André kleinlaut zu. „Das Spiel funktionierte aber gar nicht. Nur der Drucker sprang an und spuckte die Seiten hier aus." André zog die Papiere unter
20 dem Kopfkissen hervor. Er bekam keinen Ärger. Im Gegenteil. Papa riss ihm die Papiere aus der Hand. Er küsste erst die Papiere, dann André und schließlich wieder die Papiere. „Ich bin gerettet!", rief er. „Gerettet!" „Ich werd's auch bestimmt nie
25 wieder tun", sagte André. Doch Papa grinste nur. „Von jetzt an", versprach er, „sollst du lernen, wie man mit dem Computer richtig umgeht. Ich werde dir alles erklären, was ich kann. Aber vorher musst du unbedingt zeigen, was du gemacht hast,
30 bevor der Drucker diese Papiere ausgespuckt hat." „Na klar!", sagte André. „Das war doch kinderleicht."

Klaus-Peter Wolf

Quellenverzeichnis und Abbildungsnachweis

Quellenverzeichnis

4–5: Krüss, James: Soviel Schafe eine Herde. Aus: Krüss, James: Alle Kinder dieser Erde. München: Lentz 1979
6–7: Mönter, Petra: Vimala gehört zu uns. Aus: Mönter, Petra (Text)/Wiemers, Sabine (Bild): Vimala gehört zu uns. Freiburg: KeRLE 2002
8: Zuckowski, Rolf: Kleine Europäer rücken immer näher. © 1989 by MUSIK FÜR DICH Rolf Zuckowski OHG, Hamburg
9: Chidolue, Dagmar: Millie in Paris. Aus: Chidolue, Dagmar: Millie macht Kunst. Hamburg: Pressler 1991
11–13: Höfele, Hartmut E./Steffen, Susanne: Sudhir, der Trommelschüler. Aus: Höfele, Hartmut E./Steffen, Susanne: In 80 Tönen um die Welt. Münster: Ökotopia 2000
14–15: Reuker, Beate: Kinderarbeit – an vielen Orten dieser Welt. Aus: Kindernothilfe Duisburg (Hrsg.): Kinderarbeit in der Dritten Welt. Moers: Brendow und Sohn
24–25: Mai, Manfred: Vor der Kiste. Aus: Mai, Manfred: Fußballgeschichten (Leselöwen). Bindlach: Loewe 2000
27: KNISTER: Trainingstipp „Der magische Tunnel". Aus: KNISTER: Hexe Lilli im Fußballfieber. Würzburg: Arena 1998
KNISTER: Trainingstipp „Torschützenkönig". Aus: KNISTER: Hexe Lilli im Fußballfieber. Würzburg: Arena 1998
28–29: Wolf, Klaus-Peter: Basta und Paulines Bombe. Aus: Wolf, Klaus-Peter: Pferdegeschichten (Leselöwen). Bindlach: Loewe 1993
30: Marzinek-Späth, Edel: Dicke Freunde – böse Feinde. Aus: Tierfreund 2 (2003)
31: Marzinek-Späth, Edel: Reiten wie ein Profi. Aus: Tierfreund 6 (2003)
40: Manz, Hans: Abenteuer in der Nacht. Aus: Lenzen, Hans Georg: Der große Ozean. Weinheim: Beltz & Gelberg 2000
Bydlinski, Georg: Das Tierkonzert. Aus: Bydlinski, Georg: Wasserhahn und Wasserhenne. Gedichte und Sprachspielereien. Wien: Dachs 2002
42–43: Nöstlinger, Christine: Die Zeit mit dem Namen „Samuel". Aus: Nöstlinger, Christine: Ein Kater ist kein Sofakissen. Hamburg: Oetinger 1982
50: Wie die Katze zum Heimtier wurde. Aus: Forschungskreis Heimtiere in der Gesellschaft (Hrsg.): Die Katze. Informations- und Arbeitsmaterial für den Sachkundeunterricht 3./4. Schuljahr
Guggenmos, Josef: Katzen kann man alles sagen. Aus: Guggenmos, Josef: Dunkel war's, der Mond schien helle. Verse, Reime und Gedichte. Hildesheim: Gerstenberg 1999
44–45: Brandt, Hanne: Katzennächte. Aus: Brandt, Hanne (Text)/Naujok, Corinna (Übersetzerin/Bild): Katzennächte. Berlin: Mann 1990
46–47: Taylor, Barbara: Amerikanisches Alpenschneehuhn/Kragonhuhn/Auerhuhn/Odinshühnchen/Steppenhuhn/Thermometerhuhn. Aus: Bildatlas der Vögel. München: arsEdition 1994
48: Moser, Erwin: Zwei Hähne. Aus: Moser, Erwin: Das große Fabulierbuch. Weinheim: Beltz & Gelberg 1995
49: Johansen, Hanna: Das Sonntagshuhn. Aus: Lenzen, Hans Georg: Der große Ozean. Weinheim: Beltz & Gelberg 2000
51: Mankell, Henning: Ein Kater schwarz wie die Nacht. Übers. von Angelika Kutsch. Hamburg: Oetinger 2000, S. 24
56: Zurbrügg, Christina: Einmal. Aus: Gelberg, Hans-Joachim (Hrsg.): Großer Ozean. Gedichte für alle. Weinheim und Basel: Beltz & Gelberg 2000
58: Nahrgang, Frauke: Nichts für Papas. Aus: Nahrgang, Frauke: Lene und Peter. München: Deutscher Taschenbuch Verlag 1994
61–63: Günther, Herbert: Wie entsteht ein Film? Aus: Herbert Günther erzählt, wie ein Fernsehfilm entsteht. Hamburg: Oetinger 1992
68–69: Wolf, Klaus-Peter: Angriff der Viren. Aus: Computergeschichten (Leselöwen). Bindlach: Loewe 2000
76: Bydlinski, Georg: Zauberhaft. Aus: Bydlinski, Georg: Wasserhahn und Wasserhenne. Gedichte und Sprachspielereien. Wien: Dachs 2002
Richter, Jutta: Zaubersprüche. Aus: Richter, Jutta: Der Sommer schmeckt wie Himbeereis. München: Bertelsmann 1990
77: Richter, Jutta: Die Königin von Uelzen. Aus: Richter, Jutta: Der Sommer schmeckt wie Himbeereis. München: Bertelsmann 1990
78–79: Hausmann, Manfred: Die Bremer Stadtmusikanten. Aus: Hausmann, Manfred: Die Bremer Stadtmusikanten. Gütersloh: Mohn 1962
80–84: Berner, Rotraud Susanne: Froschkönig. Aus: Rotraud Susanne Berners: Märchencomics. Berlin: © Verlagshaus Jacoby & Stuart 2008
85: Richter, Jutta: Ich pfeife auf den Königssohn. Aus: Richter, Jutta: Der Sommer schmeckt wie Himbeereis. München: Bertelsmann 1990
86–88: KNISTER: Das Nudelmärchen. Aus: KNISTER: Alles Spaghetti. Würzburg: Arena 1993
88: Der Löwe und der Hase. Aus: Geelhaar, Anne: Kjambaki. Afrikanische Märchen. Berlin: Junge Welt 1970
96: Richter, Jutta: Wie sich Schmetterlinge küssen. Aus: Richter, Jutta: Der Sommer schmeckt wie Himbeereis. München: Bertelsmann 1990
97: Nöstlinger, Christine: Alle sind zufrieden mit mir. Aus: Portmann, Rosemarie (Hrsg.): Trau dich was! Geschichten, die selbstbewusst und mutig machen. Würzburg: Arena 2000
Schwarz, Regina: Nach einem Streit. Aus: Gelberg, Hans-Joachim (Hrsg.): Überall und neben dir. Weinheim/Basel: Beltz & Gelberg 1986
Schwarz, Regina: Wen du brauchst. Aus: Gelberg, Hans-Joachim (Hrsg.): Überall und neben dir. Weinheim/Basel: Beltz & Gelberg 1986
98–99: Banscherus, Jürgen: Papas Geheimnis. Aus: Banscherus, Jürgen: Papas Geheimnis. Würzburg: Arena 2000
100: Baisch, Milena: Ab ins Bett! Aus: Baisch, Milena: Geschwistergeschichten (Leselöwen). Bindlach: Loewe 2000
101: Uebe, Ingrid: Zwei dicke Freunde. Aus: Uebe, Ingrid: Kleine Freundschaftsgeschichten. München: arsEdition 1998
102: Kopitz, Gerit: So ein Angeber. Aus: Mädchengeschichten (Leselöwen). Bindlach: Loewe 2001
103: Sommer, Jörg: Ein echter Held. Aus: Jungengeschichten (Leselöwen). Bindlach: Loewe 2001
106–107: Scheffler, Ursel: Warum ist Timo so un beliebt? Scheffler, Ursel: Schulgeschichten. Ravensburg: Ravensburger Buchverlag Otto Maier GmbH 2001
106: Krausnick, Michail: Pausenliebe. Aus: Krausnick, Michail: Pausenliebe. Neckargemünd: edition durchblick 2002
Petri, Walther: Ein Gespenst. Aus: Petri, Walther: Humbug ist eine Bahnstation. Berlin: Der Kinderbuchverlag 1978
105: Fuchs, Ursula: Tobias und Ines unterm Regenschirm. Aus: Fuchs, Ursula: Tobias und Ines unterm Regenschirm. München: Deutscher Taschenbuch Verlag 1986
114: Bydlinski, Georg: Wind und Gras. Aus: Bydlinski, Georg: Wasserhahn und Wasserhenne. Gedichte und Sprachspielereien. Wien: Dachs 2002
Schubiger, Jürg: Die Einladung. Aus: Schubiger, Jürg: Als die Welt noch jung war. Weinheim: Beltz & Gelberg 1995
115: Peter, Renate: Fragen über Fragen. Aus: Gelberg, Hans-Joachim (Hrsg.): Die Erde ist mein Haus. 8. Jahrbuch der Kinderliteratur. Weinheim: Beltz & Gelberg 1988
Erhardt, Heinz: Die Made. Aus: Das große Heinz Erhardt Buch. Hannover: Fackelträger 1997
117: Wittkamp, Franz: [MANCHMAL]. Aus: Selke, Signe (Hrsg.): Das Flügelpferd. Gedichte für Groß und Klein. Hannover: Schroedel 1999
118: Wendt, Irmela: Aussteiger. Aus: Gelberg, Hans-Joachim (Hrsg.): Die Erde ist mein Haus. 8. Jahrbuch der Kinderliteratur. Weinheim: Beltz & Gelberg 1988
119: Cratzius, Barbara: Eine Schmetterlingsgeschichte. Aus: Schupp, Renate (Hrsg.): Alles was schön ist. Geschichten und Gedichte zum Nach- und Weiterdenken. Lahr: Kaufmann 1994
120: Hofbauer, Friedl: Was ist eine Wiese? Aus: Bydlinsky, Georg (Hrsg.): Der Wünschelbaum. Wien/Freiburg: Herder 1984
121: Guten Tag, Gänseblümchen. Aus: Krekeler, Hermann/Rieper-Bastian, Marlies: Naturexperimente. Ravensburg: Ravensburger Buchverlag Otto Maier GmbH 1996
122–123: Romanowa, Natalia/Spirin, Gennadij: Unser Baumstumpf. Aus: Romanowa, Natalia/Spirin, Gennadij: Unser Baumstumpf. Deutsch von Hans Baumann. Stuttgart: Thienemann 1985
132: Spohn, Jürgen: Aus: Spohn, Jürgen: Drunter & Drüber. Verse zum Vorsagen, Nachsagen, Weitersagen. München: Bertelsmann 1980
134–135: Valentin, Karl: Geräusche. Aus: Schulte, Michael (Hrsg.): Sturzflüge im Zuschauerraum – Der Gesammelten Werke Anderer Teil. München: Piper & Co 1969
137: Pellkartoffeln (mit oder ohne Quark). Aus: Lente, Sophie von: Kochen mit der Maus. München: Sandmann 2001
138–139: Korschunow, Irina: Jörg lernt Kochen. Aus: Schweizer, Marion (Hrsg.): Das rotfuchs-Vorlesebuch. Reinbek bei Hamburg: Rowohlt 1988
140–141: Lieb wie das Salz. Aus: Geelhaar, Anne: Kjambaki. Afrikanische Märchen. Berlin: Junge Welt 1970
142: Ross, Tony: I want my dinner. Aus: Ross, Tony: I WANT MY DINNER. A Little Princess Story. Collins
148: Dietl, Erhard: Manchmal wär ich gern ein Erfinder. Aus: Dietl, Erhard: Der blaue Rabe. Ravensburg: Ravensburger Buchverlag Otto Maier GmbH 1985
149: Weiss, Axel: Ballon in der Flasche. Aus: Weiss, Axel: Mein erstes Experimentierbuch. Augsburg: Augustus 1999
150–151: Nordquist, Sven/Kutsch, Angelika (Übersetzerin): Kater Findus erfindet die attamatische Kaffeekanne. Aus: Nordquist, Sven/Kutsch, Angelika (Übersetzerin): Morgen, Findus, wird's was geben. Hamburg: Oetinger 1995
153: Guggenmos, Josef: Nacht in der Wildnis. Aus: Guggenmos, Josef: Ich will dir was verraten. Weinheim/Basel: Beltz 1992
156: Ein Verschluss mit K(n)öpfchen. Aus: Prym-Bruck, Andrea (Hrsg.): I need you. 100 Jahre Prym's Druckknopf. Ausstellungskatalog zur Ausstellung. Aachen 2003
160: Guggenmos, Josef: ROBO. Aus: Guggenmos, Josef: Ich will dir was verraten. Weinheim und

Basel: Beltz 1992
164–165: **Bydlinski, Georg:** Das Jahr hat viele Gesichter. Aus: Bydlinski, Georg: Wasserhahn und Wasserhenne. Gedichte und Sprachspielereien. Wien: Dachs 2002
166: **Zeuch, Christa:** Rätsel. Aus: Zeuch, Christa: Lisa, Lotte, Lachmusik. Würzburg: Arena 1987
167: **Hoffmann von Fallersleben, August Heinrich:** Maler Frühling. Aus: Hoffmann von Fallersleben. Gesammelte Werke. Berlin 1890
168–169: **Auer, Martin:** Frau Maikäfer flieg! Aus: Auer, Martin/Wolfsgruber, Linda: Frau Maikäfer flieg! Stuttgart/Wien: Gabriel im Verlag Thienemanns 2001
170: **Eichendorff, Joseph von:** Die Blätter fallen. Aus: Joseph von Eichendorff. Werke in vier Bänden. Band I. München: Hanser 1959
Stevenson, Robert Louis: Herbstfeuer. Aus: Stevenson, Robert Louis/Krüss, James (Übersetzer): Im Versgarten. Ravensburg: Ravensburger Buchverlag Otto Maier GmbH 1960
171: **Bienath, Josephine:** Der Zug geht ab. Aus: Bienath, Josephine (Texte): Herbst-ABC. Lieder, Reime, Geschichten, Basteltipps und Rätsel zur bunten Jahreszeit. Zusammengestellt von der Kinderzeitschrift Flohkiste. München: Domino-Verlag 1988
172–173: **Träbing, Nureeni:** Zugvögel. Aus: Träbing, Nureeni/Wilson, Henrike: Zugvögel. Weinheim/Basel: Beltz 2001
175: **Reding, Paul:** Nikolaus, komm in unser Haus. Aus: Reding, Paul: unterwegs an diesem tag. Mainz: Grünewald 1977
178: **Richter, Jutta:** Weihnachten. Aus: Richter, Jutta: Der Sommer schmeckt wie Himbeereis. München: Bertelsmann 1990
179: **Richter, Jutta:** Silvester. Aus: Richter, Jutta: Der Sommer schmeckt wie Himbeereis. München: Bertelsmann 1990
180–181: **Hohler, Franz:** Wo die Kälte herkommt. Aus: Hohler, Franz: Der Granitblock im Kino. Darmstadt/Neuwied: Luchterhand Literaturverlag 1981

Abbildungsnachweis

7: **Mönter, Petra** (Text)/**Wiemers, Sabine** (Bild): Vimala gehört zu uns. Freiburg: © KeRLE im Verlag Herder, Freiburg im Breisgau, 2. Auflage 2003
10: Foto [10] Foto Indien: Ditz, Bettina Foto Togo Blume, Werner Fotos Niger, Mali, Mongolei. Aus: Martine und Caroline Laffon: Kinder in den Kulturen der Welt, aus dem Französischen von Eva Plorin und Alexandra Brehme, Hildesheim: Gerstenberg Verlag 2003
12: Foto: Ditz, Bettina
14: Foto: Großmann, Jens
25: Coverabb.: Erhard Dietl Aus: Manfred Mai, Leselöwen-Fußballgeschichten. © 1993 by Loewe Verlag, Bindlach
27: KNISTER: Hexe Lilli im Fußballfieber. Würzburg: Arena 1998
29: Coverabb.: Dagmar Henze Aus: Klaus-Peter Wolf, Leselöwen-Pferdegeschichten. © 1993 by Loewe Verlag, Bindlach
44-45: Moser, Erwin: Das große Fabulierbuch. Weinheim und Basel: © Beltz & Gelberg in der Verlagsgruppe Beltz 1995
46-47: Taylor, Barbara: Fotos Vögel. Aus: Taylor, Barbara: Bildatlas der Vögel. London: Dorling Kindersley
78–79: K'akachi, Reynaldo: Die Bremer Stadtmusikanten 1999.
80–84: Berner, Rotraut Susanne: Froschkönig. Aus: Rotraud Susanne Berners Märchencomics. Berlin: © Verlagshaus Jacoby & Stuart 2008
90: Gaymann, Peter: Die Bremer Stadtmusikanten.
93: Hockney, David: Rapunzel. © David Hockney
117: Klee, Paul: Tor zum verlassenen Garten, 1935, 58, Ölfarbe und Aquarell auf Grundierung auf Papier auf Karton, 31,8/32,5 x 45,5/46 cm, Privatbesitz, Schweiz © VG Bild-Kunst, Bonn 2009
121: Krekeler, Hermann/Rieper-Bastian, Marlies: Naturexperimente. Ravensburg: © Ravensburger Buchverlag Otto Maier GmbH 1996
129: Foto Grashüpfer © woyski, Shutterstock Foto Grille © kurt_G, Shutterstock Foto Heupferd © Michal Kram, Shutterstock
137: Coverabb.: Habisreutinger, Julei M.: Das MAXI-MINI-Maus-Kochbuch. München: © Zabert Sandmann 2003
139: Stein, Uli: Viel Spaß mit Kindern. Langenhagen: © Uli Stein/Catprint Media GmbH
142: Ross, Tony: I WANT MY DINNER. A Little Princess Story. Collins
144: Foto: Altenburg, Erika Van Gogh, Vincent: Korb mit Kartoffeln 1885.©
156/157: Prym-Bruck, Andrea (Hrsg.): I need you. 100 Jahre Prym's Druckknopf. Ausstellungskatalog zur Ausstellung. Aachen 2003
158: Calder, Alexander: untitled, 1970. © VG Bild-Kunst, Bonn 2009
168/169: Wolfsgruber, Linda: Frau Maikäfer flieg! Stuttgart/Wien: Gabriel im Verlag Thienemanns 2001
172/173: Träbing, Nureeni/Wilson, Henrike: Zugvögel. Weinheim und Basel: © Beltz & Gelberg in der Verlagsgruppe Beltz 2001

Übersicht über die Lernbereiche

Kapitel	Lesen – mit Texten und Medien umgehen	Sprechen und Zuhören
1 Kinderwelten – Lebenswelten (S. 4–21)	**Über Lesefähigkeiten verfügen:** Postkarten vergleichen (S. 18); **Texte erschließen/Lesestrategien nutzen:** Inhalte von Erzähltext und Erfahrungsbericht mit Textstellen belegen (S. 9, 11–13); **Texte präsentieren:** Lied gestalten (S. 8) 🐞 Wir stellen Fragen zu einem Text (S. 14–15)	**Verstehend zuhören:** siehe Methode (S. 14–15); **Gespräche führen:** Einstiegsseite des Kapitels (S. 4–5), Eindrücke zu Fotos schildern (S. 10); **Zu anderen sprechen:** subjektive Meinungen zum Thema Kunst vergleichen (S. 9); **Szenisch spielen:** Schluss eines Bilderbuchausschnitts finden und szenisch darstellen (S. 6–7) 🐞 Wir unterhalten uns im Erzählkarussell (S. 16–17)
2 Fußball, Pferde, Freizeit (S. 22–39)	**Über Lesefähigkeiten verfügen:** Worterklärungen im Text finden (S. 28–29); **Über Leseerfahrungen verfügen:** Zeitungstext lesen (S. 26, 30), verschiedene Textsorten unterscheiden (S. 36); **Texte erschließen/Lesestrategien nutzen:** Bei Verstehensschwierigkeiten Hilfen anwenden (S. 24–25), Überschriften Abschnitten zuordnen (S. 26, 30), zentrale Aussagen erkennen und Bildern zuordnen (S. 31); **Texte präsentieren:** Trainingstipp-Buch zusammenstellen (S. 27) 🐞 Wir gliedern einen Text (S. 32–33)	**Gespräche führen:** Einstiegsseite des Kapitels (S. 22–23), unbekannte Wörter klären (S. 24–25), über die eigene Freizeitgestaltung sprechen (S. 24–25), Entscheidungen über Zuordnung von Textüberschriften begründen (S. 26), Situationen, in denen man aufgeregt ist, beschreiben (S. 28–29); **Zu anderen sprechen:** Reit-Tipps vorstellen (S. 31), Zuordnung von Textsorten vornehmen und begründen (S. 36)
3 Von Samtpfoten und Kratzfüßen (S. 40–57)	**Über Lesefähigkeiten verfügen:** Fragen zum Text beantworten (S. 42–43, 44–45); **Über Leseerfahrungen verfügen:** Sachtexte über Hühner (S. 46–47); **Texte erschließen/Lesestrategien nutzen:** Wortbedeutungen klären (S. 46–47, 48–49), Aussagen mit Textstellen belegen (S. 48–49) 🐞 Wir vergleichen Texte (S. 50–51)	**Gespräche führen:** Einstiegsseite des Kapitels (S. 40–41)
4 www.alles-im-kasten.de (S. 58–75)	**Über Lesefähigkeiten verfügen:** Fragen zum Text beantworten (S. 60, 64–65); **Über Leseerfahrungen verfügen:** Sachtext lesen (S. 60–63, 64); **Texte erschließen/Lesestrategien nutzen:** Begriffe im Text finden (S. 64), zentrale Aussagen erfassen (S. 66–67), elektronische Texte/E-Mail lesen (S. 72); **Texte präsentieren:** Plakat gestalten (S. 64); **Mit Medien umgehen:** Computer-Begriffe und Piktogramme (S. 72) 🐞 Wir vermuten, wie ein Text weitergeht (S. 68–69)	**Gespräche führen:** Einstiegsseite des Kapitels (S. 58–59), über Merchandising sprechen (S. 66–67)
5 Es war einmal – es war keinmal (S. 76–95)	**Über Leseerfahrungen verfügen:** Comic/Bildergeschichte lesen (S. 80–84); **Texte erschließen/Lesestrategien nutzen:** Wörter aus dem Kontext erklären (S. 78–79), Autorinnenintention wiedergeben (S. 85), Märchen lesen (S. 86–87); **Texte präsentieren:** Lesevortrag (S. 78–79, 86–87) 🐞 Wir gestalten einen Comic (S. 88–89)	**Gespräche führen:** Einstiegsseite des Kapitels (S. 76–77), Textintention begründen (S. 85); **Zu anderen sprechen:** Redewendungen erklären (S. 78–79) 🐞 Wir erzählen eine Reihumgeschichte (S. 90–91)

🐞 = Methodenseiten

Schreiben	Rechtschreiben	Sprache und Sprachgebrauch untersuchen
Texte situations- und adressatengerecht verfassen: Text weiterschreiben (S. 6–7), zu Fotos schreiben (S. 10)	– Wörter mit h am Silbenanfang (S. 20) – methodisch sinnvoll und korrekt abschreiben: Abschreiben nach den Abschreibregeln (Übungstext mit Lernwörtern auf S. 182) – Lernwörter–Training (S. 21)	**Grundlegende sprachliche Strukturen kennen und anwenden/An Wörtern, Sätzen und Texten arbeiten:** *Artikel* (S. 18), Wörter mit h (S. 20); **Gemeinsamkeiten und Unterschiede von Sprachen entdecken:** den *Artikel* in verschiedenen Sprachen vergleichen (S. 18), Wörter in verschiedenen Sprachen vergleichen (S. 19)
Texte situations- und adressatengerecht verfassen: Geschichte weiterschreiben (S. 24–25), eine bestimmte Textsorte produzieren (S. 36) ✷ Wir erstellen ein Cluster (S. 34–35)	– Zusammengesetzte Nomen (S. 37, auch S. 191) – Hilfsmittel verwenden: Nachschlagen in der Wörterliste (S. 38, auch S. 186–187) – methodisch sinnvoll und korrekt abschreiben: Abschreiben nach den Abschreibregeln (Übungstext mit Lernwörtern auf S. 182) – Lernwörter–Training (S. 39)	**Sprachliche Verständigung untersuchen:** Textsorten untersuchen und vergleichen (S. 36); **Grundlegende sprachliche Strukturen kennen und anwenden/an Wörtern, Sätzen und Texten arbeiten:** *Nomen, zusammengesetzte Nomen* (S. 37, auch S. 190–191)
Texte situations- und adressatengerecht verfassen ✷ Wir gestalten ein Plakat (S. 52–53)	– Satzzeichen bei Ausrufen und Aufforderungen (S. 54, auch S. 196) – Wortstamm erkennen und Wortfamilien finden (S. 55, auch S. 195) – Wörter mit Umlauten ableiten (S. 56) – methodisch sinnvoll und korrekt abschreiben: Abschreiben nach den Abschreibregeln (Übungstext mit Lernwörtern auf S. 182) – Lernwörter–Training (S. 57)	**Grundlegende sprachliche Strukturen kennen und anwenden/An Wörtern, Sätzen und Texten arbeiten:** Satzzeichen: *Punkt* und *Ausrufezeichen* (S. 54, auch S. 196), *Wortstamm* und *Wortfamilien* (S. 55, auch S. 195), *Umlaute* (S. 56)
Texte situations- und adressatengerecht verfassen: Antworten verschriftlichen (S. 60), Plakat präsentieren (S. 64), siehe Methode (S. 68–69), Tabelle mit Erklärungen anlegen (S. 72) ✷ Wir überarbeiten unsere Texte (S. 70–71)	– siehe Methode (S. 70–71) – Wörter verlängern und ableiten (S. 73, auch S. 198) – Kontrollieren und korrigieren (S. 74, auch S. 188–189) – methodisch sinnvoll und korrekt abschreiben: Üben mit dem Abschreibheft (Übungstext mit Lernwörtern auf S. 183) – Lernwörter–Training (S. 75)	**Sprachliche Verständigung untersuchen:** Symbole, Piktogramme und emoticons untersuchen (S. 72); **Grundlegende sprachliche Strukturen kennen und anwenden/An Wörtern, Sätzen und Texten arbeiten:** Wörter verlängern und ableiten (S. 73, auch S. 198)
Texte situations- und adressatengerecht verfassen: aus einer bestimmten Perspektive schreiben (S. 80–84), Satzglieder umstellen (S. 93)	– Adjektivendungen mit -ig und -lich (S. 94, auch S. 194) – methodisch sinnvoll und korrekt abschreiben: Üben mit dem Abschreibheft (Übungstext mit Lernwörtern auf S. 183) – Lernwörter–Training (S. 95)	**Sprachliche Verständigung untersuchen:** sprachliche Merkmale von Märchen (S. 86–87), Sprachproben vornehmen (S. 93); **Grundlegende sprachliche Strukturen kennen und anwenden/An Wörtern, Sätzen und Texten arbeiten:** *Satzglieder* umstellen (S. 92); *Adjektivendungen* mit -ig und -lich (S. 94, auch S. 194)

Kapitel	Lesen – mit Texten und Medien umgehen	Sprechen und Zuhören
6 So bin ich – so bist du (S. 96–113)	**Über Lesefähigkeiten verfügen:** Gezielt Informationen finden (S. 100–101); **Über Leseerfahrungen verfügen:** Geschichte lesen (S. 98–99); **Texte erschließen/Lesestrategien nutzen:** Texte vergleichen (S. 102–103), Fragen zum Text beantworten (S. 104–105) 🐞 Wir spielen vor, was wir gelesen haben (S. 106–107)	**Gespräche führen:** Einstiegsseite des Kapitels (S. 96–97), Meinung begründen (S. 103), über eigene Gefühle sprechen (S. 104); **Szenisch spielen:** Geschichte vorspielen (S. 100–101), siehe Methode (S. 106–107)
7 Im Garten der Natur (S. 114–131)	**Über Lesefähigkeiten verfügen:** Texte interessenbezogen auswählen (S. 116–117), Informationen im Text finden (S. 118–119, 121); **Über Leseerfahrungen verfügen:** Sachtext lesen (S. 121); **Texte erschließen/Lesestrategien nutzen:** Textinhalte wiedergeben (S. 122–123); **Texte präsentieren:** Gedicht vortragen (S. 116–117, 120), Ergebnisse präsentieren (S. 118–119); **Mit Medien umgehen:** Informationen im Internet suchen (S. 118–119) 🐞 Wir setzen einen Text wieder richtig zusammen (S. 124–125)	**Gespräche führen:** Einstiegsseite des Kapitels (S. 114–115), Erfahrungen einbringen (S. 120), Meinung austauschen (S. 122–123); **Zu anderen sprechen:** Informationen vortragen (S. 119)
8 Tolle Knolle & Co (S. 132–147)	**Über Lesefähigkeiten verfügen:** einem Sachtext Informationen entnehmen (S. 136); **Über Leseerfahrung verfügen:** verschiedene Textsorten lesen, u. a. Dialog, Rezept, Erzähltext, Cartoon (S. 134–135, 136–137, 138–139); **Texte erschließen/Lesestrategien nutzen:** Ausschnitt eines Erzähltextes zusammenfassen (S. 138–139), nach Textsorten sortieren (144); **Texte präsentieren:** Erzähltext mit verteilten Rollen lesen (S. 134–135), eigene Texte vorlesen (S. 144) 🐞 Wir ergänzen ein fehlendes Wort in einem Text (S. 140–141)	**Gespräche führen:** Einstiegsseite des Kapitels (S. 132–133), Tischsitten begründen (S. 134–135), Meinung begründen (S. 138–139); **Szenisch spielen:** Streitgespräch spielen (S. 134–135) Redensarten umsetzen und szenisch darstellen (S. 145) 🐞 Wir machen ein Rollenspiel (S. 142–143)
9 Technik mit Köpfchen (S. 148–165)	**Über Leseerfahrung verfügen:** Geschichte bzw. Gedicht lesen (S. 150–151, 160); **Texte erschließen/Lesestrategien nutzen:** Texte vergleichen (S. 152–153), Sachtexte lesen (154–155) 🐞 Wir finden heraus, was Wörter bedeuten können (S. 156–157)	**Gespräche führen:** Einstiegsseite des Kapitels (S. 148–149), Gesprächsbeiträge liefern (S. 154–155)

Schreiben	Rechtschreiben	Sprache und Sprachgebrauch untersuchen
Texte situations– und adressatengerecht verfassen: Text auswählen und weiterschreiben (S. 102–103) 🐞 Wir schreiben einen Erzähltext (S. 108–109)	– die wörtliche Rede mit vorangestelltem Begleitsatz (S. 110–111, auch S. 197) – Wörter mit doppeltem Mitlaut (S. 112, auch S. 200) – methodisch sinnvoll und korrekt abschreiben: Schleichdiktat (Übungstext mit Lernwörtern auf S. 184) – Lernwörter–Training (S. 113)	**Grundlegende sprachliche Strukturen kennen und anwenden/An Wörtern, Sätzen und Texten arbeiten:** *Redezeichen, Begleitsatz* (S. 110–111, auch S. 197), *doppelter Mitlaut* (S. 112, auch S. 200)
Texte situations– und adressatengerecht verfassen: Text zu einem Thema schreiben (S. 116–117), Plakat erstellen (S. 118–119), Mini–Geschichten schreiben (S. 128–129) 🐞 Wir schreiben ein Gedicht (S. 126–127)	– Wörter mit ie (S. 130–131, auch S. 203) – methodisch sinnvoll und korrekt abschreiben: Schleichdiktat (Übungstext mit Lernwörtern auf S. 184) – Lernwörter–Training (S. 131)	**Grundlegende sprachliche Strukturen kennen und anwenden/An Wörtern, Sätzen und Texten arbeiten:** *Pronomen* (S. 128–129), Wörter mit ie (S. 130–131, auch S. 202)
Über Schreibfertigkeiten verfügen: Rezeptbuch gestalten (S. 137); **Texte situations– und adressatengerecht verfassen:** Tischregeln aufschreiben (S. 134–135), zu einem Foto oder einem Bild schreiben (S. 144)	– Satzschluss–Zeichen (S. 145, auch S. 196) – Wörter mit tz und ck (S. 146, auch S. 201) – methodisch sinnvoll und korrekt abschreiben: Partnerdiktat (Übungstext mit Lernwörtern auf S. 185) – Lernwörter–Training (S. 147)	**Sprachliche Verständigung untersuchen:** Wirkung höflichen und unhöflichen Sprechens reflektieren (S. 142–143), Redensarten untersuchen (S. 145); **Grundlegende sprachliche Strukturen kennen und anwenden/An Wörtern, Sätzen und Texten arbeiten:** *Satzzeichen* (S. 145, auch S. 196), Wörter mit tz und ck (S. 146, auch S. 201), *Wortarten* unterscheiden und zusammengesetzte Nomen bilden (S. 147); **Gemeinsamkeiten und Unterschiede von Sprachen entdecken:** das Wort Kartoffel in verschiedenen Sprachen vergleichen (S. 136)
Über Schreibfertigkeiten verfügen: Texte in Gegenwarts– und Vergangenheitsform verfassen (S. 160–161) 🐞 Wir schreiben ein Gedicht (S. 126–127)	– Verben in der Gegenwart (S. 160, auch S. 192–193) – Verben in der Vergangenheit (S. 161, auch S. 192–193) – Regeln zur Silbentrennung (S. 162, auch S. 203) – methodisch sinnvoll und korrekt abschreiben: Partnerdiktat (Übungstext mit Lernwörtern auf S. 185) – Lernwörter–Training (S. 163)	**Grundlegende sprachliche Strukturen kennen und anwenden/An Wörtern, Sätzen und Texten arbeiten:** Verben in der *Vergangenheits-* und *Gegenwartsform* (S. 160, auch S. 192–193), *Silbentrennung* (S. 162, auch S. 203), *Vorsilben* (S. 199) **Gemeinsamkeiten und Unterschiede von Sprachen entdecken:** Bedeutung eines englischen Satzes untersuchen (S. 154)

Ausführliches Inhaltsverzeichnis

1. Kinderwelten – Lebenswelten 4
Vimala gehört zu uns 6
Kleine Europäer....................... 8
Millie in Paris 9
Schule in anderen Ländern............. 10
Sudhir, der Trommelschüler 11
Texte verstehen: Wir stellen Fragen zu einem Text 14
Sprechen und zuhören: Wir unterhalten uns im Erzählkarussell 16
Artikel............................... 18
Sprachen vergleichen 19
Richtig schreiben – sicher schreiben ... 20
Lernwörter-Training................... 21

2. Fußball, Pferde, Freizeit 22
Vor der Kiste 24
Das Sportmagazin..................... 26
Fußball-Trainings-Tipps 27
Basta und Paulines Bombe 28
Tierfreundschaften 30
Reit-Tipps........................... 31
Texte verstehen: Wir gliedern einen Text.. 32
Texte schreiben: Wir erstellen ein Cluster 34
Verschiedene Textsorten 36
Zusammengesetzte Nomen 37
Richtig schreiben – sicher schreiben ... 38
Lernwörter-Training................... 39

3. Von Samtpfoten und Kratzfüßen 40
Ein Kater ist kein Sofakissen 42
Katzennächte......................... 44
Die Welt der Hühner 46
Zwei Hähne 48
Das Sonntagshuhn 49
Texte verstehen: Wir vergleichen Texte...... 50
Texte schreiben: Wir gestalten ein Plakat 52
Ausrufe und Aufforderungen........... 54
Wortstamm und Wortfamilien 55
Richtig schreiben – sicher schreiben ... 56
Lernwörter-Training................... 57

4. www.alles-im-kasten.de 58
Als die Bilder laufen lernten 60
Wie entsteht ein Film?................. 61
Woraus besteht ein Computer? 64
Einkauf per Computer 65
Merchandising........................ 66
Texte verstehen: Wir vermuten, wie ein Text weitergeht 68

Texte schreiben: Wir überarbeiten unsere Texte 70
Begriffe und Piktogramme 72
Wörter verlängern und ableiten 73
Richtig schreiben – sicher schreiben ... 74
Lernwörter-Training................... 75

5. Es war einmal – es war keinmal 76
Die Bremer Stadtmusikanten 78
Froschkönig.......................... 80
Ich pfeife auf den Königssohn 85
Das Nudelmärchen 86
Texte verstehen: Wir gestalten einen Comic.. 88
Sprechen und zuhören: Wir erzählen eine Reihumgeschichte................... 90
Satzglieder........................... 92
Richtig schreiben – sicher schreiben ... 94
Lernwörter-Training................... 95

6. So bin ich – so bist du............. 96
Papas Geheimnis 98
Ab ins Bett! 100
Zwei dicke Freunde 101
So ein Angeber 102
Ein echter Held 103
Pausenliebe.......................... 104
Tobias und Ines unterm Regenschirm 105
Texte verstehen: Wir spielen vor, was wir gelesen haben..................... 106
Texte schreiben: Wir schreiben einen Erzähltext......................... 108
Die wörtliche Rede 110
Richtig schreiben – sicher schreiben ... 112
Lernwörter-Training.................. 113

7. Im Garten der Natur............... 114
Mein Garten......................... 116
Garten 117
Aussteiger 118
Eine Schmetterlingsgeschichte 119
Was ist eine Wiese?.................. 120
Guten Tag, Gänseblümchen........... 121
Unser Baumstumpf 122
Texte verstehen: Wir setzen einen Text wieder richtig zusammen 124
Texte schreiben: Wir schreiben ein Gedicht .. 126
Pronomen 128
Richtig schreiben – sicher schreiben ... 130
Lernwörter-Training.................. 131

= Methodenseiten

8. Tolle Knolle und Co 132
Geräusche 134
Die Kartoffel – ein Grundnahrungsmittel 136
Jörg lernt kochen 138
Texte verstehen: Wir ergänzen ein fehlendes
Wort in einem Text 140
Sprechen und zuhören: Wir machen ein Rollen-
spiel 142
Zu einem Bild schreiben 144
Satzschluss-Zeichen 145
Richtig schreiben – sicher schreiben 146
Lernwörter-Training 147

9. Technik mit Köpfchen 148
Kater Findus erfindet die attamatische
Kaffeekanne 150
Katzenaugen und Reflektoren 152
Nacht in der Wildnis 153
Ein Verschluss mit K(n)öpfchen 154
Texte verstehen: Wir finden heraus,
was Wörter bedeuten können 156
Texte schreiben: Wir schreiben einen
Sachtext 158
Verben in der Gegenwart 160
Verben in der Vergangenheit 161
Richtig schreiben – sicher schreiben 162
Lernwörter-Training 163

Jahreszeitenkapitel 164
Frühling 166
Sommer 168
Herbst 170
Winter 174

Rechtschreib- und Grammatiktraining . . . 182
Abschreiben nach den Abschreibregeln 182
Abschreibheft 183
Schleichdiktat 184
Partnerdiktat 185
Nachschlagen in der Wörterliste 186
Erst nachdenken – dann nachschlagen 187
Kontrollieren und korrigieren 188
Nomen 190
Zusammengesetzte Nomen 191
Verben 192
Adjektive 194
Wortfamilien 195
Satzschluss-Zeichen 196
Wörtliche Rede 197
Wörter verlängern und ableiten 198
Vorsilben 199
Doppelte Mitlaute 200
Wörter mit tz und ck 201
Wörter mit ie 202
Silbentrennung 203

Wörterliste 204

Fortsetzungen 215

**Quellenverzeichnis und
Abbildungsnachweis** 216

Übersicht über die Lernbereiche 218

Gedruckt auf umweltbewusst gefertigtem, chlorfrei gebleichtem und alterungsbeständigem Papier.

1. Auflage 2009
Nach den 2006 amtlich gültigen Regelungen der Rechtschreibung
© by Auer Verlag GmbH, Donauwörth
Alle Rechte vorbehalten
Das Werk und seine Teile sind urheberrechtlich geschützt. Jede Nutzung in anderen als den
gesetzlich zugelassenen Fällen bedarf der vorherigen schriftlichen Einwilligung des Verlages.
Hinweis zu §52a UrhG: Weder das Werk noch seine Teile dürfen ohne eine solche Einwilligung
eingescannt und in ein Netzwerk eingestellt werden. Dies gilt auch für Intranets von Schulen und
sonstigen Bildungseinrichtungen.
Umschlagillustration: Friederike Großekettler
Satz: Albert Graf, Graben
Druck und Bindung: Himmer AG, Augsburg
ISBN 978-3-403-04845-9

www.auer-verlag.de

Merk-Kleckse

Nomen

Wörter, die Personen, Dinge, Tiere und Pflanzen bezeichnen, nennt man Nomen.

Nomen schreibt man mit einem großen Anfangsbuchstaben.

Nomen können einen Artikel haben.
Die Artikel heißen der die das ein eine.

Viele Nomen gibt es in der Einzahl und in der Mehrzahl.

Verben

Wörter, die sagen, was geschieht oder was man tut, heißen Verben.

Verben können ihre Form verändern.

In der Grundform werden Verben immer mit n oder en am Ende geschrieben.

Adjektive

Adjektive beschreiben, wie etwas ist.

Zu vielen Adjektiven gibt es Wörter, die das Gegenteil sagen.

Die meisten Adjektive lassen sich steigern.